W0173314

Papst Franziskus

Barmherzigkeit will ich

PAPST FRANZISKUS

BARMHERZIGKEIT
WILL ICH

Herausgegeben von
Stefan von Kempis

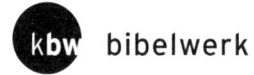 bibelwerk

Für Winni, Steph, Sanne, Ferdinand, Philipp
– und die Kaiser-Otto-Apotheke

Stefan von Kempis ist Redakteur in der deutschsprachigen
Abteilung von Radio Vatikan.

Für die Texte von Papst Franziskus:
© Libreria Editrice Vaticana

Umschlaggestaltung: Finken & Bumiller
Umschlagmotiv: © dpa / picture-alliance (Stefano Spaziani)
Satz: post scriptum, www.post-scriptum.biz
Druck und Bindung: finidr s.r.o., Český Těšín
Printed in the Czech Republic

www.bibelwerk.de
ISBN 978-3-460-32146-5

Inhalt

1 – Das Antlitz der Barmherzigkeit

5 – Die Wunden Jesu in den Menschen berühren

6 – Leiden und Kreuz: Wo war Gott in Auschwitz?

7 – Barmherzigkeit und Neuevangelisierung

8 – Biblische Blicke auf die Barmherzigkeit

9 – An Tätige der Barmherzigkeit

10 – Maria

11 – Gebet um Barmherzigkeit

Vorab

Barmherzigkeit? Ein Wort, das irgendwie ranzig, irgendwie vorgestrig klingt in Zeiten von Selfies, »Geiz ist geil« und »Unterm Strich zähl' ich«. Als Faust in der ersten Szene von Goethes Theaterstück versucht, den Prolog des Johannesevangeliums zu übersetzen, verfällt er auf »Am Anfang war – die Kraft«; das ist sehr heutig, sehr weit vom Wörtchen »Barmherzigkeit« entfernt. Sie holt ihn aber doch noch ein, die Barmherzigkeit, und zwar viele Szenen später, nach einem turbulenten Leben im Zeichen des Teufelspaktes: Da steht sie unvermittelt am Ende, als alle Qual umschlägt in eine geradezu unglaubhafte Idylle mit mystischem Chor, ekstatischen Betern und einer einschwebenden Mater Gloriosa.

> *»Die du großen Sünderinnen / Deine Nähe nicht verweigerst / Und ein büßendes Gewissen / In die Ewigkeiten steigerst, / Gönn auch dieser guten Seele, / Die sich einmal nur vergessen, / Die nicht ahnte, dass sie fehle, / Dein Verzeihen angemessen!«*

Es ist für viele Faust-Leser bis heute unbefriedigend, dass sich der Bogen auf diese Weise schließt. Soll denn Barmherzigkeit wirklich der große Mantel sein, der alle Irrungen zudeckt, der gnädig über alles fallende Vorhang? Thomas Mann kennt in seinem Doktor-Faustus-Roman denn auch kein plötzliches Happy End; stattdessen geht das Ende des Tonsetzers Leverkühn mit dem Sturz des Deutschen Reiches 1945 zusammen. Perfide hatte der neue Faust in allen Ausschweifungen darauf gesetzt, ganz am Schluss doch noch die Karte der Barmherzigkeit ziehen zu können, aber vergebens:

»Meine Sünde ist größer, denn dass sie mir könnte verziehen werden, und ich habe sie auf Höchst getrieben dadurch, dass mein Kopf spekulierte, der zerknirschte Unglaube an die Möglichkeit der Gnade und Verzeihung möchte das Allerreizendste sein für die ewige Güte, wo ich doch einsehe, dass solche freche Berechnung das Erbarmen vollends unmöglich macht ... also, dass ich einen verruchten Wettstreit trieb mit der Güte droben, was unausschöpflicher sei, sie, oder mein Spekulieren – da seht ihr, dass ich verdammt bin, und ist kein Erbarmen für mich, weil ich ein jedes im Voraus zerstöre durch Spekulation.«[1]

Das 20. Jahrhundert hat mit seinen Grausamkeiten nicht nur Manns »Doktor Faustus«, sondern vielen Menschen die Hoffnung auf einen barmherzigen Gott, auf Barmherzigkeit überhaupt ausgetrieben. Dabei wird doch gerade in so unbarmherzigen Zeiten die Rückbesinnung auf die Barmherzigkeit, die zur DNA des Christentums gehört, umso wichtiger: »In der Tat, wir müssten von Gott schweigen, wenn wir den Menschen in so viel leiblicher und geistiger Not nicht die Botschaft von Gottes Barmherzigkeit zu sagen wüssten«, schreibt Kurienkardinal Walter Kasper.[2] *»Die Frage nach dem Erbarmen Gottes und nach erbarmenden Menschen ist nach all den fürchterlichen Erfahrungen des 20. wie des noch jungen 21. Jahrhunderts heute dringender denn je.« Schön übrigens: dieses Junktim zwischen dem göttlichen und dem menschlichen Erbarmen.*

---

[1] Thomas Mann, *Doktor Faustus*, Stockholm 1947, S. 761 f.; © S. Fischer Verlag, Frankfurt am Main 1980.
[2] *Barmherzigkeit. Grundbegriff des Evangeliums, Schlüssel christlichen Lebens*, Freiburg 2012, S. 15.

Auch Kasper kennt aber unser Unbehagen angesichts des Begriffs der Barmherzigkeit, angesichts eines Wortes, das nach klappernden Rosenkränzen klingt und nach etwas peinlicher Frömmelei. Skeptischen Gemütern von der Aufklärung bis heute erschien die kirchliche Rede von der Barmherzigkeit als eine Vertröstung aufs Jenseits, die sich herummogelt um die Imperative des sozialen Kampfs, ja sogar – man blättere dazu nur einmal in Emile Zolas wenig bekanntem Lourdes-Roman – als unlauterer Versuch der Kirche, die Lufthoheit über die Elendsviertel des Industriezeitalters zu erobern. Auch theologisch hat es lange gedauert, bis es gelang, Gottes Barmherzigkeit denkerisch aus ihrem »Aschenputtel-Dasein«[3] herauszuholen, indem man sie mit seiner Gerechtigkeit zusammendachte: Da wurde gleichgesetzt, was sich früher gegenseitig auszuschließen schien.

Bis heute wird »Barmherzigkeit« auch häufig als Schlachtruf in innerkirchlichen Grabenkämpfen verwendet, als Chiffre fürs Laisser-faire; auch beim von Papst Franziskus initiierten synodalen Prozess zur Ehe- und Familienpastoral lässt sich das beobachten. Verblüffend ist allerdings, wie modern die Vorstellung der Barmherzigkeit auf einmal daherkommt, wenn man sie, wie Kardinal Kasper das tut, einmal mit derzeit gängigen Modeworten in Verbindung bringt, mit »Empathie« nämlich oder mit »compassion«.

Barmherzigkeit ist das, was Papst Franziskus am meisten am Herzen liegt. Viele der herausragenden Akzente dieses Pontifikats ergeben sich direkt daraus: sein Zugehen auf die Armen und die Menschen am Rand, seine Einfachheit im Stil, sein Versuch, die Beichte wiederzubeleben. »Er glaubt fest daran, dass Barmherzigkeit nicht nur eine pastorale Haltung ist, sondern die

---

[3] Ebd., S. 22.

Botschaft selbst«, sagt der Papst-Vertraute und Jesuit Antonio Spadaro.⁴ Jorge Mario Bergoglio ist aber nicht der erste Papst, der sich darum bemüht, das Thema Barmherzigkeit wieder in die Mitte des Christlichen zu rücken. Schon Johannes XXIII. hatte mit diesem Anspruch vor einem halben Jahrhundert das Zweite Vatikanische Konzil eröffnet, und in neuerer Zeit war es der heilige Johannes Paul II., der zu diesem Thema eine Enzyklika schrieb, seine zweite: »Dives in misericordia« (1980). Der polnische Papst kannte die Visionen der Ordensfrau Faustyna Kowalska (1905–1938) aus seinem früheren Erzbistum Krakau; auf ihre Anweisung hin wurde das Bild des barmherzigen Jesus gemalt, das weltbekannt, wenn auch etwas kitschig ist und das aufbewahrt wird im Wallfahrtsort Łagiewniki am Stadtrand von Krakau – dort, wo sich in einer Vitrine auch das blutbefleckte weiße Gewand befindet, das Johannes Paul II. trug, als ihn 1981 das Attentat traf.

Der deutsche Papst Benedikt XVI. war es, der das Unbehagen an der Zwiegesichtigkeit des Begriffs »Barmherzigkeit« zur Sprache brachte: Auf der einen Seite (das sagte er am 18. April 2005 in seiner Predigt unmittelbar vor Beginn des Konklaves, aus dem er als Papst hervorging) ist ja Jesus »die göttliche Barmherzigkeit in Person: Christus begegnen heißt der Barmherzigkeit Gottes begegnen«. Auf der anderen Seite aber ist Barmherzigkeit, so mahnte Kardinal Ratzinger, »keine billig zu habende Gnade, sie darf nicht als Banalisierung des Bösen« – ein Anklang an Hannah Arendt – »missverstanden werden«. Übrigens kreiste dann aber Benedikts erste Enzyklika, »Deus Caritas est«, zur allgemeinen Überraschung um das Thema Liebe – und auch, im weite-

---

⁴ In: Christ und Welt 25 / 2015, S. 4.

Vorab

ren Sinne, um das Thema Barmherzigkeit, denn das griechische »agape« weitet sich in dieses Bedeutungsfeld.

Unser Lesebuch versucht, den spezifischen Blick des argentinischen Papstes auf das Thema Barmherzigkeit darzustellen. Allerdings ist Franziskus kein Systematiker; ihm geht es nicht um konkretes Benennen und Definieren, er spießt Begriffe nicht so auf, wie Schmetterlingssammler das mit dem »Kleinen Fuchs« oder dem »Kohlweißling« in ihrer Sammlung tun. Stattdessen tippt er Begriffe eher an, will dadurch Räume öffnen, Assoziationen wecken, die Vorstellungskraft in Gang setzen. Man kann sich also von den hier zusammengetragenen Texten nicht immer größtmögliche Deutlichkeit erwarten; nicht wirklich zum Studieren eignen sie sich, sondern eher zum Meditieren, »zum Bebeten«, wie eine Tante von mir das einmal formuliert hat.

Auch dass es sich hier um ganz unterschiedliche Textformen handelt, sollte der Leser berücksichtigen: Auszüge aus Gesprächen, Stegreif-Predigten, Ansprachen bei Audienzen, Gebete … Und schließlich taucht der Begriff Barmherzigkeit in Papsttexten häufig in ähnlichen Zusammenhängen auf, so dass man zunächst an bloße Wiederholungen denken könnte; doch gerade wegen ihrer definitorischen Unschärfe lohnt es sich, diese Abschnitte einander deuten zu lassen, um klarer zu verstehen, wie der Papst Begriffe ein- und zueinander in Beziehung setzt.

Ich stelle zuerst wesentliche Auszüge aus der Papst-Bulle zum Heiligen Jahr der Barmherzigkeit 2016 vor; an keiner anderen Stelle nämlich beschäftigt sich Franziskus so systematisch mit unserem Thema, das kann also als Einführung dienen. Dem lasse ich einige Kernaussagen aus den ersten Wochen und Monaten seines Pontifikates folgen, um aufzuzeigen, wie sehr Barmherzigkeit programmatisch bestimmend ist für diesen Papst. Und schließlich bieten einzelne Kapitel besondere Teilaspekte, etwa

Barmherzigkeit in der Bibel oder was Barmherzigkeit für unser Bild der Kirche bedeutet. Hier wird vieles noch einmal ausführlicher oder in anderen Zusammenhängen entwickelt, was in der Bulle aus Kapitel 1 schon angesprochen wurde.

Die Texte werden alle in der offiziellen deutschsprachigen Fassung abgedruckt; Überschriften oder Zwischenüberschriften dagegen stammen von mir. Berücksichtigt wurden nur Texte aus der Zeit nach der Papstwahl, also nicht aus den Jahren, in denen Jorge Mario Bergoglio noch Erzbischof von Buenos Aires war. Innerhalb der Kapitel werden die Texte in chronologischer Reihenfolge dargeboten; einzige Ausnahme ist das Kapitel, das sich mit Barmherzigkeit im Alten und im Neuen Testament beschäftigt. Hier orientiert sich die Ordnung der Texte an der Abfolge der biblischen Bücher.

Rom, im Sommer 2015
Stefan v. Kempis

1 – Das Antlitz der Barmherzigkeit

Jesus Christus ist das Antlitz der Barmherzigkeit des Vaters. Das Geheimnis des christlichen Glaubens scheint in diesem Satz auf den Punkt gebracht zu sein.

Mit einer sogenannten Bulle, also einer feierlichen Urkunde, hat Papst Franziskus im April 2015 ein »Außerordentliches Heiliges Jahr der Barmherzigkeit« angekündigt. Der Text ist sein bisher ausführlichster und höchstrangiger zum Thema Barmherzigkeit; darum stehen Auszüge daraus dieser Sammlung voran. Gekürzt wurde lediglich, wo sich der Papst spezifisch auf die Durchführung des Heiligen Jahres bezieht.

Interessant ist, wie Franziskus vorgeht: Nach einer Einleitung, die Jesus Christus geradezu mit der Barmherzigkeit identifiziert, weist er auf, dass er nicht der erste Papst ist, der dieses Thema als zentral beschreibt. Dann bezieht er sich – ein zweiter Legitimationsschritt – auf den heiligen Thomas von Aquin, um die Barmherzigkeit mit der Allmacht Gottes in Beziehung zu setzen. Es folgt eine Spurensuche im Alten und Neuen Testament (Brücke zwischen beiden sind die Psalmen), wobei besonders die Gleichnisse Jesu aus der Nähe betrachtet werden.

Franziskus schließt daraus, dass Barmherzigkeit nicht nur das wesentliche Merkmal von Gottes Handeln an uns Menschen ist, sondern auch das entscheidende Kriterium des Christseins. »Wie der Vater liebt, so lieben auch seine Kinder.« Barmherzigkeit, das ist für ihn das Gebot der Nächstenliebe ins Konkrete gewendet, denn Liebe kann laut Franziskus »nie ein abstrakter Begriff sein«, sie drängt zum Tun. Darum fordert er die Kirche auf, das Thema Barmherzigkeit wiederzuentdecken und in die Mitte zu rücken: »Es ist die Zeit, zum Wesentlichen zurückzukehren«, die – wie er an anderer Stelle mehrfach gesagt hat – »große Zeit der Barmherzigkeit«.

Es folgen einige sehr praktische Hinweise wie etwa die Erinnerung an die »Werke der Barmherzigkeit« und der Appell an alle Menschen, sich von der Barmherzigkeit anrühren zu lassen. Mit an Rilke erinnernder Pointiertheit ruft Franziskus: »Zu eurem eigenen Wohl bitte ich euch: Ändert euer Leben!« Und er bringt das Thema Barmherzigkeit mit mehreren anderen Akzenten in Verbindung, die typisch sind für sein Pontifikat: das unterschiedslose Unterwegssein von uns allen, das Herausgehen und Zugehen auf andere Menschen, die Begegnung mit Gott in der Beichte.

Der zuletzt genannte Punkt ist biographisch wichtig. Der Papst aus Argentinien führt nämlich die Entdeckung seiner Priesterberufung auf eine Beichte zurück, die er mit 17 Jahren in Buenos Aires abgelegt hat. »In dieser Beichte ist mir etwas Seltsames passiert … Es war die Überraschung, das maßlose Erstaunen über eine wirkliche Begegnung« mit einem barmherzigen Gott.[5] Diese Erfahrung will Franziskus auch anderen Menschen ermöglichen.

In seinem Manifest schwenkt er dann noch einmal ins Theologische über: Er denkt über den vermeintlichen Gegensatz von Barmherzigkeit und Gerechtigkeit nach und versucht zu zeigen, dass Gottes Gerechtigkeit – so paradox das zunächst klingt – gerade in seiner Barmherzigkeit liegt. Der Gegensatz besteht also gar nicht, vielmehr gehören Gerechtigkeit und Barmherzigkeit eng zusammen: »Wenn Gott bei der Gerechtigkeit stehen bliebe,

---

[5] Franziskus, Mein Leben – mein Weg, Freiburg 2013, S. 49 f.

1 – Das Antlitz der Barmherzigkeit

dann wäre er nicht mehr Gott«, so Franziskus, dessen Argumentation hier stark an die von Kardinal Walter Kasper[6] erinnert. Der damalige Erzbischof von Buenos Aires, Kardinal Bergoglio, hat Kaspers Buch offenbar in den Tagen nach dem Rücktritt Benedikts XVI. und vor seiner eigenen Wahl zum Papst 2013 gelesen; bei seinem ersten Angelus auf dem Petersplatz hat er es ausdrücklich gelobt.

Den Abschnitt über Barmherzigkeit und Ablass habe ich nicht weggekürzt, obwohl er eng mit dem von Franziskus ausgerufenen Heiligen Jahr der Barmherzigkeit zusammenhängt (Ablässe werden traditionell von einem Papst bei der Ausrufung eines Heiligen Jahres gewährt) – und obwohl er manchen Leser irritieren, ja verstören könnte. Er ist aber wichtig, weil er zeigt, dass dieser Papst sich, anders als viele das wahrnehmen oder wünschen, keineswegs von der traditionellen Lehre der Kirche distanziert. Wichtig ist dann aber auch sein Hinweis, wie zentral der Begriff Barmherzigkeit im Judentum und im Islam ist; gerade über diesen Punkt (Barmherzigkeit und Nächstenliebe) kam namentlich der katholisch-muslimische Dialog nach den Irritationen durch die Regensburger Rede von Benedikt XVI. 2006 wieder in Gang.

Papst Franziskus kommt unvermittelt auf eines seiner Kernanliegen zu sprechen: »Lassen wir uns … von Gott überraschen.« Dass Gott der »Gott der Überraschungen« ist, wiederholt der argentinische Brückenbauer immer wieder. In seinem ersten großen Interview sagte er: »Ich habe eine dogmatische Sicherheit: Gott ist im Leben jeder Person. Gott ist im Leben jedes Menschen. Auch wenn das Leben eines Menschen eine Katastrophe

---

[6] In seinem Buch *Barmherzigkeit. Grundbegriff des Evangeliums, Schlüssel christlichen Lebens*, Freiburg 2012.

war, wenn es von Lastern zerstört ist, von Drogen oder anderen Dingen: Gott ist in seinem Leben. Man kann und muss ihn in jedem menschlichen Leben suchen.«[7]

Gott suchen und mit Überraschungen rechnen heißt für Franziskus, unvermittelt der Barmherzigkeit Gottes zu begegnen. So wie er selbst das einmal als Jugendlicher in einem Beichtstuhl von Buenos Aires erlebt hat.

Die folgenden Auszüge aus »Misericordiae vultus« stehen nicht immer in der Reihenfolge des Schreibens, da ich Aussagen thematisch gruppiert habe. Deshalb habe ich den Abschnitten Nummern vorangestellt, die ihre ursprüngliche Reihenfolge anzeigen.

Barmherzigkeit hat ein Gesicht

[1] Jesus Christus ist das Antlitz der Barmherzigkeit des Vaters. Das Geheimnis des christlichen Glaubens scheint in diesem Satz auf den Punkt gebracht zu sein. In Jesus von Nazareth ist die Barmherzigkeit des Vaters lebendig und sichtbar geworden und hat ihren Höhepunkt gefunden. Der Vater, der »voll des Erbarmens« ist (*Eph* 2,4), der sich Mose als »barmherziger und gnädiger Gott, langmütig, reich an Huld und Treue« (*Ex* 34,6) offenbart hatte, hat nie aufgehört, auf verschiedene Weise und zu verschiedenen Zeiten in der Geschichte seine göttliche Natur mitzuteilen. Als aber die »Zeit erfüllt war« (*Gal* 4,4), sandte Er, seinem Heilsplan entsprechend, seinen Sohn, geboren von der Jungfrau Maria, um uns auf endgültige Weise seine Liebe zu offenbaren. Wer Ihn sieht, sieht den Vater (vgl. *Joh* 14,9). Jesus von

---

[7] *Interview mit Jesuitenzeitschriften*, veröffentlicht am 19. 9. 2013.

Nazareth ist es, der durch seine Worte und Werke und durch sein ganzes Dasein die Barmherzigkeit Gottes offenbart.

[2] Dieses Geheimnis der Barmherzigkeit gilt es stets neu zu betrachten. Es ist Quelle der Freude, der Gelassenheit und des Friedens. Es ist Bedingung unseres Heils. Barmherzigkeit – in diesem Wort offenbart sich das Geheimnis der Allerheiligsten Dreifaltigkeit. Barmherzigkeit ist der letzte und endgültige Akt, mit dem Gott uns entgegentritt. Barmherzigkeit ist das grundlegende Gesetz, das im Herzen eines jeden Menschen ruht und den Blick bestimmt, wenn er aufrichtig auf den Bruder und die Schwester schaut, die ihm auf dem Weg des Lebens begegnen. Barmherzigkeit ist der Weg, der Gott und Mensch vereinigt, denn sie öffnet das Herz für die Hoffnung, dass wir, trotz unserer Begrenztheit aufgrund unserer Schuld, für immer geliebt sind. …

[3] Auf die Schwere der Sünde antwortet Gott mit der Fülle der Vergebung. Die Barmherzigkeit übersteigt stets das Maß der Sünde, und niemand kann der verzeihenden Liebe Gottes Grenzen setzen. …

Die Päpste und die Barmherzigkeit

[4] Es kommen uns die bedeutungsschweren Worte des heiligen Johannes XXIII. in Erinnerung, die dieser bei der Eröffnung des Konzils gesprochen hatte und mit denen er dessen Richtung vorgab: »Heute dagegen möchte die Braut Christi lieber das Heilmittel der Barmherzigkeit anwenden als die Waffen der Strenge … Die katholische Kirche, während sie durch dieses ökumenische Konzil die Leuchte der katholischen Glaubenswahrheit hochhält, will sich damit als eine sehr liebevolle, gütige und geduldige Mutter aller erweisen, voller Erbarmung und mit

Wohlwollen für ihre Kinder, die von ihr getrennt sind.« Auf der gleichen Linie liegt der selige Paul VI., als er zum Abschluss des Konzils feststellte:

»Wir wollen vielmehr unterstreichen, dass die Religion dieses Konzils die Nächstenliebe ist … Die uralte Erzählung vom barmherzigen Samariter wurde zum Paradigma für die Spiritualität dieses Konzils … Eine Woge der Zuneigung und der Wertschätzung für die moderne Welt ging von diesem Konzil aus. Natürlich werden die Irrtümer abgelehnt, das verlangt die Verpflichtung zur Liebe und nicht weniger die Verpflichtung zur Wahrheit. Aber für die Menschen gibt es nur Ermutigung, Respekt und Liebe. Statt niederschmetternder Einschätzungen schlägt das Konzil ermutigende Heilmittel vor; statt dunkler Vorahnungen hat das Konzil Botschaften des Vertrauens an die zeitgenössische Welt gerichtet. Nicht nur wurden ihre Werte respektiert, sondern sogar geehrt und ihre Anstrengungen unterstützt und ihre Bestrebungen geläutert und gesegnet … Und noch eine andere Sache wollen wir hier aufzeigen: All dieser doktrinäre Reichtum hat ein einziges Ziel, nämlich dem Menschen zu dienen. Und zwar dem Menschen, so dürfen wir sagen, in jeder Lebenslage, in all seinen Krankheiten und in all seinen Bedürfnissen.«[8]

[11] Wir können die große Lehre nicht vergessen, die der heilige Johannes Paul II. in seiner zweiten Enzyklika *Dives in misericordia* dargelegt hat. Sie wurde damals unerwartet veröffentlicht und überraschte viele wegen des gewählten Themas. An zwei

---

[8] Ansprache bei der letzten öffentlichen Sitzung des II. Vatikanischen Ökumenischen Konzils, 7. Dezember 1965.

Überlegungen möchte ich besonders erinnern. Zunächst hob dieser heilige Papst hervor, wie sehr die Kultur unserer Zeit das Thema der Barmherzigkeit vergessen hat:

»Die Mentalität von heute scheint sich vielleicht mehr als die der Vergangenheit gegen einen Gott des Erbarmens zu sträuben und neigt dazu, schon die Idee des Erbarmens aus dem Leben und aus den Herzen zu verdrängen. Das Wort und der Begriff ›Erbarmen‹ scheinen den Menschen zu befremden, der dank eines in der Geschichte vorher nie gekannten wissenschaftlichen und technologischen Fortschritts Herrscher geworden ist und sich die Erde untertan gemacht und unterjocht hat (vgl. *Gen* 1,28). Dieses Herrschen über die Erde, das zuweilen einseitig und oberflächlich verstanden wird, scheint für das Erbarmen keinen Raum zu lassen … Das ist der Grund, warum sich in der heutigen Situation der Kirche und der Welt viele Menschen und viele Gemeinschaften, von einem lebendigen Glaubenssinn geführt, sozusagen spontan an Gottes Erbarmen wenden.«[9]

Dann begründete der heilige Johannes Paul II. die Dringlichkeit, die Barmherzigkeit in der Welt von heute zu verkünden und zu bezeugen, folgendermaßen:

»Sie ist von der Liebe zum Menschen eingegeben, zu allem, was menschlich ist und was nach der Ahnung vieler unserer Zeitgenossen von einer Gefahr schrecklichen Ausmaßes bedroht ist. Dasselbe Geheimnis Christi verpflichtet mich gleichzeitig, das Erbarmen Gottes zu verkünden, seine im

---

[9] *Dives in misericordia,* Nr. 2.

Geheimnis Christi offenbarte barmherzige Liebe. Ebendieses Geheimnis veranlasst mich auch, in dieser schwierigen und kritischen Phase der Geschichte der Kirche und der Welt mich an dieses Erbarmen zu wenden und es herabzuflehen.«[10]

Diese seine Lehre ist mehr denn je aktuell und verdient es, … wieder aufgegriffen zu werden. Nehmen wir darum erneut seine Worte auf:

»Die Kirche lebt ein authentisches Leben, wenn sie das Erbarmen bekennt und verkündet – das am meisten überraschende Attribut des Schöpfers und des Erlösers – und wenn sie die Menschen zu den Quellen des Erbarmens des Heilandes führt, welche sie hütet und aus denen sie austeilt.«[11]

Barmherzigkeit im Alten Testament

[5] Wie sehr wünsche ich mir, dass die kommenden Jahre durchtränkt sein mögen von der Barmherzigkeit und dass wir auf alle Menschen zugehen und ihnen die Güte und Zärtlichkeit Gottes bringen! Alle, Glaubende und Fernstehende, mögen das Salböl der Barmherzigkeit erfahren, als Zeichen des Reiches Gottes, das schon unter uns gegenwärtig ist.

[6] »Barmherzigkeit walten zu lassen, ist ein Wesensmerkmal Gottes. Gerade darin zeigt sich seine Allmacht.« Diese Worte des heiligen Thomas von Aquin zeigen, wie sehr die göttliche Barmherzigkeit eben nicht ein Zeichen von Schwäche ist, son-

[10] Ebd., Nr. 15.
[11] Ebd., Nr. 13.

dern eine Eigenschaft der Allmacht Gottes. Gerade deswegen betet die Liturgie in einem ihrer ältesten Tagesgebete: »Großer Gott, du offenbarst deine Macht vor allem im Erbarmen und im Verschonen.« Gott wird in der Geschichte der Menschheit immer gegenwärtig sein als der Nahe, der Vorsorgende, der Heilige und Barmherzige.

Mit dem Wortpaar »geduldig und barmherzig« wird im Alten Testament häufig die Natur Gottes beschrieben. Seine Barmherzigkeit zeigt sich konkret in vielen Momenten der Heilsgeschichte, wo seine Güte letztlich über Strafe und Zerstörung siegt. Besonders die Psalmen bringen diese Größe im Handeln Gottes zum Ausdruck. Er ist es, »der dir all deine Schuld vergibt und all deine Gebrechen heilt, der dein Leben vor dem Untergang rettet und dich mit Huld und Erbarmen krönt« (*Ps* 103,3–4). Noch ausdrücklicher zählt ein anderer Psalm konkrete Zeichen der Barmherzigkeit auf: »Recht verschafft er den Unterdrückten, den Hungernden gibt er Brot; der Herr befreit die Gefangenen. Der Herr öffnet den Blinden die Augen, er richtet die Gebeugten auf. Der Herr beschützt die Fremden und verhilft den Waisen und Witwen zu ihrem Recht. Der Herr liebt die Gerechten, doch die Schritte der Frevler leitet er in die Irre« (*Ps* 146,7–9). Und zum Abschluss noch ein weiteres Wort des Psalmisten: »Er heilt die gebrochenen Herzen und verbindet ihre schmerzenden Wunden. … Der Herr hilft den Gebeugten auf und erniedrigt die Frevler« (*Ps* 147,3.6). Zusammenfassend können wir sagen, Gottes Barmherzigkeit ist nicht eine abstrakte Idee, sondern eine konkrete Wirklichkeit, durch die Er seine Liebe als die Liebe eines Vaters und einer Mutter offenbart, denen ihr Kind zutiefst am Herzen liegt. Es handelt sich wirklich um eine leidenschaftliche Liebe. Sie kommt aus dem Innersten und ist tiefgehend, natürlich, bewegt von Zärtlichkeit und Mitleid, von Nachsicht und Vergebung.

[7a] »Denn seine Huld währt ewig.« – Dieser Kehrvers erklingt nach jedem Vers des Psalms 136, der die Geschichte der Offenbarung Gottes besingt. Im Licht der Barmherzigkeit leuchtet in allen Ereignissen der Geschichte des Bundesvolkes deren Heilscharakter auf. Die Barmherzigkeit macht die Geschichte Gottes mit Israel zu einer Heilsgeschichte. Mit der ständigen Wiederholung dieses Kehrverses: »Denn seine Huld währt ewig« scheint der Psalm den Kreislauf von Zeit und Raum durchbrechen zu wollen, indem er alles in das ewige Geheimnis der Liebe hineinlegt. Es ist, als wollte er sagen, dass der Mensch nicht nur in der Vergangenheit, sondern in alle Ewigkeit unter dem barmherzigen Blick des Vaters steht. Es kommt daher nicht von ungefähr, dass das Volk Israel diesen Psalm, das *Große Hallel,* in die Liturgie seiner wichtigsten Feste eingefügt hat.

Barmherzigkeit im Neuen Testament

[7b] Jesus selbst hat vor seinem Leiden diesen Psalm der Barmherzigkeit gebetet. Der Evangelist Matthäus berichtet davon, wenn er beschreibt, wie »nach dem Lobgesang« (*Mt* 26,30) Jesus und die Jünger zum Ölberg hinausgingen. Während Er die Eucharistie einsetzte als bleibendes Gedächtnis an Ihn und das Ostergeheimnis, stellte Er zeichenhaft diesen höchsten Akt der Offenbarung in das Licht der Barmherzigkeit. Im gleichen Horizont der Barmherzigkeit lebte Jesus sein Leiden und Sterben, in vollem Bewusstsein des großen Geheimnisses der Liebe, das sich am Kreuz vollziehen sollte. Zu wissen, dass Jesus selbst diesen Psalm gebetet hat, macht ihn für uns noch wichtiger und

lädt uns ein, ihn zu einem Teil unseres täglichen Lobgebetes zu machen: »Denn seine Huld währt ewig!«

[8] Wenn wir den Blick auf Jesus und auf sein barmherziges Antlitz richten, sehen wir die Liebe der Allerheiligsten Dreifaltigkeit. Die Sendung, die Jesus vom Vater erhalten hatte, war es, das Geheimnis der göttlichen Liebe in seiner ganzen Fülle zu offenbaren. »Gott ist die Liebe« (*1 Joh* 4,8.16), bestätigt der Evangelist Johannes zum ersten und einzigen Mal in der gesamten Heiligen Schrift. Diese Liebe ist sichtbar und greifbar geworden im ganzen Leben Jesu. Seine Person ist nichts anderes als Liebe, eine sich schenkende Liebe. Seine Beziehungen zu den Menschen, die ihn umgeben, sind einzigartig und unwiederholbar. Seine Zeichen, gerade gegenüber den Sündern, Armen, Ausgestoßenen, Kranken und Leidenden, sind ein Lehrstück der Barmherzigkeit. Alles in Ihm spricht von Barmherzigkeit. Nichts in Ihm ist ohne Mitleid.

Als Jesus sah, dass die vielen Menschen, die ihm folgten, müde und erschöpft waren, verloren und ohne Hirten, empfand Er tief im Innersten seines Herzens Mitleid mit ihnen (vgl. *Mt* 9,36). In der Kraft dieser mitleidenden Liebe heilte er die Kranken, die man zu ihm brachte (vgl. *Mt* 14,14), und mit wenigen Broten und Fischen machte er viele satt (vgl. *Mt* 15,37). Was Jesus in all diesen Situationen bewegte, war nichts anderes als die Barmherzigkeit, mit deren Hilfe er im Herzen seiner Gegenüber zu lesen verstand und die es ihm erlaubte, ihrem wahrhaftigsten Bedürfnis zu entsprechen. Als Er der Witwe von Naïn begegnete, die ihren einzigen Sohn zu Grabe trug, empfand er ein solch starkes Mitleid mit diesem unendlichen Schmerz einer Mutter, die ihren Sohn beweinte, dass Er diesen vom Tod auferweckte und ihn ihr zurückgab (vgl. *Lk* 7,15). Nachdem Er den Besessenen von Gerasa befreit hatte, gab Er ihm folgenden Auftrag: »Berichte alles, was der Herr für dich getan und wie er Erbarmen mit dir gehabt hat« (*Mk* 5,19). Auch die Berufung des Matthäus geschieht vor dem Horizont der Barmherzigkeit. Als Jesus an der Zollstelle vorbeikommt, fällt sein Blick auf Matthäus. Es ist ein Blick voller Barmherzigkeit, der die Sünden dieses Mannes vergab. Gegen den Widerstand der anderen Jünger wählt Er ihn, den Sünder und Zöllner, und macht ihn zu einem der Zwölf. Der heilige Beda Venerabilis schrieb in seinem Kommentar zu dieser Stelle des Evangeliums, dass Jesus den Matthäus mit barmherziger Liebe anschaute und erwählte: *miserando atque eligendo.*[12] Dieses Wort hat mich so sehr beeindruckt, dass ich es zu meinem Wahlspruch machte.

Barmherzigkeit in den Gleichnissen Jesu

[9] In den Gleichnissen, die von der Barmherzigkeit handeln, offenbart Jesus die Natur Gottes als die eines Vaters, der nie aufgibt, bevor er nicht mit Mitleid und Barmherzigkeit die Sünde vergeben und die Ablehnung überwunden hat. Wir kennen von diesen Bildreden drei ganz besonders: die Gleichnisse vom verlorenen Schaf und von der wiedergefundenen Drachme und das vom Vater und seinen beiden Söhnen (vgl. *Lk* 15,1–32). In diesen Gleichnissen wird besonders die Freude des Vaters im Moment der Vergebung betont. Darin finden wir den Kern des Evangeliums und unseres Glaubens, denn die Barmherzigkeit wird als die Kraft vorgestellt, die alles besiegt, die die Herzen mit Liebe erfüllt und die tröstet durch Vergebung.

Aus einem weiteren Gleichnis gewinnen wir darüber hin-

---

[12] Vgl. *Hom.* 21: *CCL* 122, 149–151.

aus eine Lehre für unser eigenes christliches Leben. Provoziert durch die Frage des Petrus, der wissen will, wie oft man verzeihen müsse, antwortet Jesus: »Nicht siebenmal, sondern siebenundsiebzigmal« (*Mt* 18,22), und er schließt daran das Gleichnis vom »unbarmherzigen Knecht« an. Als dieser seinem Herrn eine große Summe zurückzahlen sollte, bittet er ihn auf Knien und sein Herr erlässt ihm die Schuld. Unmittelbar darauf begegnet er einem Mitknecht, der ihm ein paar wenige Cent schuldig war. Dieser bittet ihn ebenfalls auf Knien um Erbarmen, doch jener weigert sich und lässt ihn ins Gefängnis werfen. Als der Herr davon erfährt, wird er sehr zornig, lässt den Diener rufen und sagt zu ihm: »Hättest nicht auch du mit jenem, der gemeinsam mit dir in meinem Dienst steht, Erbarmen haben müssen, so wie ich mit dir Erbarmen hatte?« (*Mt* 18,33). Und Jesus fügte an: »Ebenso wird mein himmlischer Vater jeden von euch behandeln, der seinem Bruder nicht von ganzem Herzen vergibt« (*Mt* 18,35).

Dieses Gleichnis enthält eine tiefe Lehre für jeden von uns. Jesus stellt fest, dass Barmherzigkeit nicht nur eine Eigenschaft des Handelns Gottes ist. Sie wird vielmehr auch zum Kriterium, an dem man erkennt, wer wirklich seine Kinder sind. Wir sind also gerufen, Barmherzigkeit zu üben, weil uns selbst bereits Barmherzigkeit erwiesen wurde. Die Vergebung von begangenem Unrecht wird zum sichtbarsten Ausdruck der barmherzigen Liebe, und für uns Christen wird sie zum Imperativ, von dem wir nicht absehen können. Wie schwer ist es anscheinend, immer und immer wieder zu verzeihen! Und doch ist die Vergebung das Instrument, das in unsere schwachen Hände gelegt wurde, um den Frieden des Herzens zu finden. Groll, Wut, Gewalt und Rache hinter uns zu lassen, ist die notwendige Voraussetzung für ein geglücktes Leben. Nehmen wir daher die Empfehlung des Apostels auf: »Die Sonne soll über eurem Zorn nicht untergehen« (*Eph* 4,26). Und hören wir vor allem auf das Wort Jesu, der die Barmherzigkeit zu einem Lebensideal und Kriterium für die Zeugnishaftigkeit unseres Glaubens gemacht hat: »Selig die Barmherzigen; denn sie werden Erbarmen finden« (*Mt* 5,7) ist die Seligpreisung, von der wir uns mit besonderer Hingabe in diesem Heiligen Jahr inspirieren lassen sollten.

Wie man sieht, ist die Barmherzigkeit in der Heiligen Schrift das Schlüsselwort, um Gottes Handeln uns gegenüber zu beschreiben. Er beschränkt sich nicht darauf, seine Liebe zu beteuern, sondern er macht sie sichtbar und greifbar. Tatsächlich kann die Liebe nie ein abstrakter Begriff sein. Aus ihrer Natur heraus ist sie stets konkrete Wirklichkeit: Absichten, Einstellungen und Verhalten, die sich im tagtäglichen Handeln bewähren. Die Barmherzigkeit Gottes entspringt seiner Verantwortung für uns. Er fühlt sich verantwortlich, d. h. Er will unser Wohl, und Er will uns glücklich sehen, voller Freude und Gelassenheit. Auf der gleichen Wellenlänge muss die barmherzige Liebe der Christen liegen. Wie der Vater liebt, so lieben auch seine Kinder. So wie Er barmherzig ist, sind auch wir berufen, untereinander barmherzig zu sein.

Kirche: Zurück zum Wesentlichen!

[10] Der Tragebalken, der das Leben der Kirche stützt, ist die Barmherzigkeit. Ihr gesamtes pastorales Handeln sollte umgeben sein von der Zärtlichkeit, mit der sie sich an die Gläubigen wendet; ihre Verkündigung und ihr Zeugnis gegenüber der Welt können nicht ohne Barmherzigkeit geschehen. Die Glaubwürdigkeit der Kirche führt über den Weg der barmherzigen und mitleidenden Liebe. Die Kirche empfindet einen unerschöpfli-

chen Wunsch, Barmherzigkeit anzubieten. Vielleicht haben wir es für lange Zeit vergessen, auf den Weg der Barmherzigkeit hinzuweisen und ihn zu gehen. Auf der einen Seite hat die Versuchung, stets und allein die Gerechtigkeit zu fordern, uns vergessen lassen, dass diese nur der erste Schritt ist. Dieser Schritt ist zwar notwendig und unerlässlich, aber die Kirche muss darüber hinausgehen um eines höheren und bedeutungsvolleren Zieles willen. Auf der anderen Seite ist es traurig, ansehen zu müssen, wie die Erfahrung der Vergebung in unserer Kultur immer seltener wird. Sogar das Wort selbst scheint manchmal zu verschwinden. Ohne das Zeugnis der Vergebung bleibt aber nur ein unfruchtbares, steriles Leben, als würde man in einer trostlosen Wüste leben. Für die Kirche ist erneut die Zeit gekommen, sich der freudigen Verkündigung der Vergebung zu widmen. Es ist die Zeit, zum Wesentlichen zurückzukehren und sich der Schwächen und der Schwierigkeiten unserer Brüder und Schwestern anzunehmen. Die Vergebung ist eine Kraft, die zu neuem Leben auferstehen lässt und die Mut schenkt, um hoffnungsvoll in die Zukunft zu blicken.

[11] Die Kirche hat den Auftrag, die Barmherzigkeit Gottes, das pulsierende Herz des Evangeliums, zu verkünden. Durch sie soll die Barmherzigkeit das Herz und den Verstand der Menschen erreichen. Die Braut Christi macht sich die Haltung des Sohnes Gottes zu Eigen und geht allen entgegen und schließt keinen aus. In unserer Zeit, in der die Kirche sich der Neuevangelisierung verschrieben hat, gilt es, das Thema der Barmherzigkeit mit neuem Enthusiasmus und einer erneuerten Pastoral vorzutragen. Es ist entscheidend für die Kirche und für die Glaubwürdigkeit ihrer Verkündigung, dass sie in erster Person die Barmherzigkeit lebt und bezeugt! Ihre Sprache und ihre Gesten müssen die Barmherzigkeit vermitteln und so in die Herzen

der Menschen eindringen und sie herausfordern, den Weg zurück zum Vater einzuschlagen.

Die erste Wahrheit der Kirche ist die Liebe Christi. Die Kirche macht sich zur Dienerin und Mittlerin dieser Liebe, die bis zur Vergebung und zur Selbsthingabe führt. Wo also die Kirche gegenwärtig ist, dort muss auch die Barmherzigkeit des Vaters sichtbar werden. In unseren Pfarreien, Gemeinschaften, Vereinigungen und Bewegungen, d. h. überall, wo Christen sind, muss ein jeder Oasen der Barmherzigkeit vorfinden können.

Unterwegs zur Barmherzigkeit

[13] Der Evangelist gibt uns die Lehre Jesu wieder, der sagt: »Seid barmherzig, wie es auch euer Vater ist« (*Lk* 6,36). Es handelt sich dabei um ein Lebensprogramm, das sowohl sehr einfordernd ist als auch voller Freude und Friede. Dieser Imperativ Jesu richtet sich an alle, die seine Stimme hören (vgl. *Lk* 6,27). Um fähig zu sein, die Barmherzigkeit zu leben, müssen wir also zunächst auf das Wort Gottes hören. Das heißt, wir müssen den Wert der Stille wiederentdecken, um das Wort, das an uns gerichtet ist, meditieren zu können. Auf diese Weise ist es möglich, die Barmherzigkeit Gottes zu betrachten und sie uns anzueignen und zum eigenen Lebensstil werden zu lassen. ...

[14] Das Leben selbst ist eine Pilgerreise und der Mensch ist *viator,* ein Pilger auf der Straße nach dem ersehnten Ziel ... Unser Herr Jesus Christus gibt uns die einzelnen Schritte für diese Pilgerreise vor, damit wir das Ziel erreichen.

»Richtet nicht, dann werdet auch ihr nicht gerichtet werden. Verurteilt nicht, dann werdet auch ihr nicht verurteilt werden. Erlasst einander die Schuld, dann wird auch euch die Schuld erlassen werden. Gebt, dann wird auch euch gegeben werden. In reichem, vollem, gehäuftem, überfließendem Maß wird man euch beschenken; denn nach dem Maß, mit dem ihr messt und zuteilt, wird auch euch zugeteilt werden.« (*Lk* 6,37–38)

Er sagt also vor allem, dass wir *nicht richten* und *nicht verurteilen* sollen. Wer sich nicht dem Gericht Gottes ausliefern will, darf sich nicht zum Richter seines eigenen Bruders machen. Der Mensch bleibt in seinem Urteilen in der Tat an der Oberfläche, der Vater dagegen sieht bis ins Innerste. Wie viel Übel richten Worte an, wenn sie von Neid und Eifersucht bestimmt sind! Schlecht über den abwesenden Bruder, die abwesende Schwester sprechen heißt so viel wie diese in ein schlechtes Licht zu rücken, ihren Ruf zu schädigen und sie dem Gerede auszusetzen. Nicht zu urteilen und nicht zu verurteilen bedeutet daher im Positiven, das Gute in einer jeden Person wahrzunehmen und nicht zuzulassen, dass diese wegen unseres begrenzten Urteils und unserer Anmaßung, vermeintlich alles genau zu wissen, leiden muss. Aber das reicht noch nicht, um Barmherzigkeit zum Ausdruck zu bringen. Jesus bittet uns, zu *vergeben* und uns selbst *hinzugeben,* Werkzeuge der Vergebung zu sein, weil wir zuerst Gottes Vergebung erfahren haben, großzügig zu sein allen gegenüber im Wissen darum, dass auch Gott sein Wohlwollen uns gegenüber großzügig handhabt …

In der Barmherzigkeit haben wir den Nachweis, wie Gott liebt. Er gibt sich selbst ganz hin, für immer, als Geschenk, ohne etwas als Gegenleistung zu erbitten. Er kommt uns zu Hilfe, wenn wir ihn darum bitten. Es ist schön, dass das tägliche Gebet der Kirche mit den Worten beginnt: »O Gott, komm mir zu Hilfe. Herr, eile mir zu helfen« (*Ps* 70,2). Die Hilfe, die wir erbitten, ist bereits der erste Schritt der Barmherzigkeit Gottes mit uns. Er kommt, um uns aus unserer Schwachheit zu retten. Und seine Hilfe besteht darin, dass er uns bewegt, seine Gegenwart und Nähe anzunehmen. Angerührt von seiner Barmherzigkeit, können auch wir Tag für Tag barmherzig mit den anderen sein.

[15a] Wie viele prekäre Situationen und wie viel Leid gibt es in unserer Welt! Wie viele Wunden sind in das Fleisch so vieler Menschen gerissen, die keine Stimme mehr haben, weil ihr Schrei, aufgrund der Teilnahmslosigkeit der reichen Völker, schwach geworden oder gar ganz verstummt ist … Verfallen wir nicht in die Gleichgültigkeit, die erniedrigt, in die Gewohnheit, die das Gemüt betäubt und die verhindert, etwas Neues zu entdecken, in den Zynismus, der zerstört. Öffnen wir unsere Augen, um das Elend dieser Welt zu sehen, die Wunden so vieler Brüder und Schwestern, die ihrer Würde beraubt sind. Fühlen wir uns herausgefordert, ihren Hilfeschrei zu hören. Unsere Hände mögen ihre Hände erfassen und sie an uns heranziehen, damit sie die Wärme unserer Gegenwart, unserer Freundschaft und unserer Brüderlichkeit verspüren. Möge ihr Schrei zu dem unsrigen werden und mögen wir gemeinsam die Barriere der Gleichgültigkeit abtragen, der wir gerne freie Hand geben, um unsere Heuchelei und unseren Egoismus zu verbergen.

Die »Werke der Barmherzigkeit« wiederentdecken

[15b] Es ist mein aufrichtiger Wunsch, dass die Christen … über die *leiblichen und geistigen Werke der Barmherzigkeit* nachdenken. Das wird eine Form sein, unser Gewissen, das gegenüber dem Drama der Armut oft eingeschlafen ist, wachzurütteln und

immer mehr in die Herzmitte des Evangeliums vorzustoßen, in dem die Armen die Bevorzugten der göttlichen Barmherzigkeit sind. Die Verkündigung Jesu nennt uns diese Werke der Barmherzigkeit, damit wir prüfen können, ob wir als seine Jünger leben oder eben nicht. Entdecken wir erneut die *leiblichen Werke der Barmherzigkeit:*

Hungrige speisen,
Durstigen zu trinken geben,
Nackte bekleiden,
Fremde aufnehmen,
Kranke pflegen,
Gefangene besuchen
und die Toten begraben.

Und vergessen wir auch nicht die *geistigen Werke der Barmherzigkeit:*

den Zweifelnden recht raten,
die Unwissenden lehren,
die Sünder zurechtweisen,
die Betrübten trösten,
Beleidigungen verzeihen,
die Lästigen geduldig ertragen
und für die Lebenden und Verstorbenen zu Gott beten.

Wir können uns nicht den Worten des Herrn entziehen, auf deren Grundlage wir einst gerichtet werden: Haben wir dem Hungrigen zu essen gegeben und dem Durstigen zu trinken? Haben wir Fremde aufgenommen und Nackte bekleidet? Hatten wir Zeit, um Kranke und Gefangene zu besuchen? (vgl *Mt* 25,31–45).

Genauso werden wir gefragt werden, ob wir geholfen haben, den Zweifel zu überwinden, der Angst schüren und oft auch einsam machen kann. Waren wir fähig, die Unwissenheit zu besiegen, in der Millionen Menschen leben, besonders die Kinder, denen es an der notwendigen Hilfe fehlt, um der Armut entrissen zu werden? Waren wir denen nahe, die einsam und bekümmert sind? Haben wir denen vergeben, die uns beleidigt haben, und jede Art von Groll und Hass abgewehrt, die zur Gewalt führen? Hatten wir Geduld nach dem Beispiel Gottes, der selbst so geduldig mit uns ist? Und schlussendlich, haben wir unsere Schwestern und Brüder im Gebet dem Herrn anvertraut? In einem jeden dieser »Geringsten« ist Christus gegenwärtig. Sein Fleisch wird erneut sichtbar in jedem gemarterten, verwundeten, gepeitschten, unterernährten, zur Flucht gezwungenen Leib …, damit wir Ihn erkennen, Ihn berühren, Ihm sorgsam beistehen. Vergessen wir nicht die Worte des heiligen Johannes vom Kreuz: »Am Abend unseres Lebens werden wir nach der Liebe gerichtet werden.«

Betrachtung der Heiligen Schrift

[17a] Wie viele Seiten der Heiligen Schrift bieten sich … zur Meditation an, um das barmherzige Antlitz Gottes wiederzuentdecken! Mit dem Propheten Micha können auch wir sagen: Du, Herr, bist ein Gott, der die Schuld verzeiht und das Unrecht vergibt. Du hältst nicht für immer fest an deinem Zorn; denn du liebst es, gnädig zu sein. Du, Herr, wirst wieder Erbarmen haben mit deinem Volk und unsere Schuld zertreten. Ja, du wirfst all unsere Sünden in die Tiefe des Meeres hinab (vgl. *Mi* 7,18–19).

Die Abschnitte des Propheten Jesaja können dann noch konkreter betrachtet werden …:

»Das ist ein Fasten, wie ich es liebe: die Fesseln des Unrechts zu lösen, die Stricke des Jochs zu entfernen, die Versklavten freizulassen, jedes Joch zu zerbrechen, an die Hungrigen dein Brot auszuteilen, die obdachlosen Armen ins Haus aufzunehmen, wenn du einen Nackten siehst, ihn zu bekleiden und dich deinen Verwandten nicht zu entziehen. Dann wird dein Licht hervorbrechen wie die Morgenröte und deine Wunden werden schnell vernarben. Deine Gerechtigkeit geht dir voran, die Herrlichkeit des Herrn folgt dir nach. Wenn du dann rufst, wird der Herr dir Antwort geben, und wenn du um Hilfe schreist, wird er sagen: Hier bin ich. Wenn du der Unterdrückung bei dir ein Ende machst, auf keinen mit dem Finger zeigst und niemand verleumdest, dem Hungrigen dein Brot reichst und den Darbenden satt machst, dann geht im Dunkel dein Licht auf und deine Finsternis wird hell wie der Mittag. Der Herr wird dich immer führen, auch im dürren Land macht er dich satt und stärkt deine Glieder. Du gleichst einem bewässerten Garten, einer Quelle, deren Wasser niemals versiegt.« (*Jes* 58,6–11)

Beichte: Sakrament der Versöhnung und der Barmherzigkeit

[17 b] … Viele Menschen suchen erneut das Sakrament der Versöhnung, darunter viele Jugendliche, und finden in dieser besonderen Erfahrung oft den Weg, um zum Herrn zurückzukehren, um einen Moment des intensiven Gebetes zu erleben und so den Sinn für das eigene Leben wiederzuentdecken. Mit Überzeugung stellen wir das Sakrament der Versöhnung erneut ins Zentrum, denn darin können wir mit Händen die Größe der

Barmherzigkeit greifen. Das Sakrament wird für jeden Bußfertigen eine Quelle wahren inneren Friedens sein.

Ich werde nicht müde zu wiederholen, dass die Beichtväter ein wahres Zeichen der göttlichen Barmherzigkeit sein sollen. Beichtvater ist man nicht einfach so. Man wird es, und zwar besonders dadurch, dass wir zunächst für uns selbst bußfertig Vergebung suchen. Vergessen wir nie, dass Beichtvater zu sein bedeutet, an der Sendung Jesu teilzuhaben und ein greifbares Zeichen der bleibenden göttlichen Liebe zu sein, die verzeiht und rettet. Wir haben die Gabe des Heiligen Geistes empfangen, um Sünden zu vergeben. Dafür sind wir verantwortlich. Wir sind nicht Herren dieses Sakramentes, sondern treue Verwalter der Vergebung Gottes. Jeder Beichtvater soll die Gläubigen aufnehmen, wie der Vater im Gleichnis den verlorenen Sohn: Es ist ein Vater, der dem Sohn entgegenkommt, obwohl dieser ja seine Güter verschwendet hat. Die Beichtväter sollen den reumütigen Sohn, der nach Hause zurückkehrt, umarmen und ihre Freude darüber zum Ausdruck bringen, dass sie ihn wiedergefunden haben. Sie werden auch nicht müde, zum anderen Sohn zu gehen, der draußen geblieben ist und dem es nicht gelingt, sich zu freuen. Ihm erklären sie, dass sein hartes Urteil ungerecht ist und dass es vor der grenzenlosen Barmherzigkeit des Vaters nicht bestehen kann. Sie stellen keine aufdringlichen Fragen, vielmehr unterbrechen sie – wie der Vater im Gleichnis – die vorbereitete Rede des verlorenen Sohnes, denn sie verstehen es, im Herzen eines jeden Beichtenden den Ruf um Hilfe und das Verlangen nach Vergebung zu lesen. Die Beichtväter sind also berufen, immer, überall, in jeder Situation und egal in welchen Umständen, Zeichen des Primates der Barmherzigkeit zu sein.

Gerechtigkeit und Barmherzigkeit

[19] Es ist nicht sinnlos, in diesem Zusammenhang auf die Beziehung zwischen *Gerechtigkeit* und *Barmherzigkeit* hinzuweisen. Es handelt sich dabei nicht um zwei gegensätzliche Aspekte, sondern um zwei Dimensionen einer einzigen Wirklichkeit, die sich fortschreitend entwickelt, bis sie ihren Höhepunkt in der Fülle der Liebe erreicht hat. Die Gerechtigkeit ist ein grundlegendes Konzept der Zivilgesellschaft, in der man sich normalerweise auf eine Rechtsordnung bezieht, in deren Rahmen das Gesetz angewendet wird. Unter Gerechtigkeit versteht man auch, dass einem jeden das gegeben werden muss, was ihm zusteht. In der Bibel spricht man vielfach von der Gerechtigkeit Gottes und von Gott als Richter. Dabei wird sie gemeinhin verstanden als die Beachtung des gesamten Gesetzes und das Verhalten eines jeden guten Israeliten gemäß dem göttlichen Gebot. Diese Sichtweise hat aber nicht selten zu einem Legalismus geführt, indem man den ursprünglichen Sinn verfälscht und den tiefen Sinn der Gerechtigkeit verdunkelt hat. Um eine legalistische Sichtweise zu überwinden, ist es notwendig sich daran zu erinnern, dass in der Heiligen Schrift die Gerechtigkeit hauptsächlich als ein sich völliges und vertrauensvolles Überlassen in den Willen Gottes verstanden wird.

Jesus selbst spricht viel häufiger von der Bedeutung des Glaubens als von der Beachtung des Gesetzes. Und in diesem Sinn müssen wir seine Worte verstehen, als Er – während Er mit Matthäus und anderen Zöllnern und Sündern zu Tisch sitzt – den Pharisäern, die ihn kritisierten, antwortete: »Darum lernt, was es heißt: *Barmherzigkeit will ich, nicht Opfer.* Denn ich bin gekommen, um die Sünder zu rufen, nicht die Gerechten« (*Mt* 9,13). Angesichts einer Sicht der Gerechtigkeit als der bloßen Einhaltung von Gesetzen, die in der Folge Menschen einteilt in Gerechte und Sünder, versucht Jesus die große Gabe der Barmherzigkeit aufzuzeigen, die Barmherzigkeit, die den Sünder sucht und ihm Vergebung und Heil anbietet. Man versteht, warum Er aufgrund einer solchen befreienden Vision, die Quelle der Erneuerung ist, von den Pharisäern und Schriftgelehrten abgelehnt wird. Diese legten in ihrer Gesetzestreue den Menschen lediglich Lasten auf die Schultern, blendeten aber die Barmherzigkeit des Vaters aus. Der Ruf nach der Einhaltung des Gesetzes darf nicht die Aufmerksamkeit für die Bedürfnisse behindern, die die Würde der Menschen ausmachen.

Der Hinweis Jesu auf den Text des Propheten Hosea – »Liebe will ich, nicht Schlachtopfer« (*Hos* 6,6) – ist in diesem Zusammenhang sehr bedeutsam. Jesus betont, dass von nun an der Primat der Barmherzigkeit die Lebensregel seiner Jünger ist, so wie er es selbst bezeugt hat, als er mit den Sündern zu Tisch saß. Die Barmherzigkeit wird noch einmal als die grundlegende Dimension der Sendung Jesu aufgezeigt. Das ist eine wirkliche Herausforderung für seine Gegenüber, die bei einer formalen Beachtung des Gesetzes stehenblieben. Jesus geht dagegen über das Gesetz hinaus. Dass er Gemeinschaft hat mit denen, die nach dem Gesetz Sünder waren, lässt verstehen, wie weit die Barmherzigkeit geht.

Auch der Apostel Paulus hat einen ähnlichen Weg durchschritten. Bevor er Jesus auf der Straße nach Damaskus begegnete, suchte er in seinem Leben auf tadellose Weise die Gesetzesgerechtigkeit (vgl. *Phil* 3,6). Seine Bekehrung zu Christus verwandelte seine Sichtweise völlig, so dass er im Galaterbrief feststellt: »Auch wir sind dazu gekommen, an Christus Jesus zu glauben, damit wir gerecht werden durch den Glauben an Christus und nicht durch Werke des Gesetzes« (*Gal* 2,16). Sein Verständnis der Gerechtigkeit änderte sich radikal. Paulus stellt nun an die erste Stelle den Glauben und nicht mehr länger das Gesetz. Nicht die Beachtung des Gesetzes rettet, sondern der Glaube an Jesus Christus, der durch seinen Tod und seine Auferstehung in seiner gerecht machenden Barmherzigkeit das Heil bringt. Die Gerechtigkeit Gottes bedeutet jetzt die Befreiung derer, die Sklaven der Sünde und all ihrer Folgen sind. Die Gerechtigkeit Gottes ist seine Vergebung (vgl. *Ps* 51,11–16).

Barmherzigkeit als Haltung Gottes

[20] Die Barmherzigkeit steht also nicht im Gegensatz zur Gerechtigkeit. Sie drückt vielmehr die Haltung Gottes gegenüber dem Sünder aus, dem Er eine weitere Möglichkeit zur Reue, zur Umkehr und zum Glauben anbietet. Die Erfahrung des Propheten Hosea kommt uns zu Hilfe, um zu zeigen, wie die Gerechtigkeit in Richtung der Barmherzigkeit überboten wird. Dieser Prophet gehört in einen der dramatischsten Abschnitte der Geschichte des Volkes Israels. Das Reich steht kurz vor der Zerstörung. Das Volk hat den Bund gebrochen, hat sich von Gott entfernt und den Glauben der Väter verloren. Nach menschlicher Logik wäre es nur gerecht, dächte Gott daran, dieses untreue Volk zurückzuweisen. Man hat den geschlossenen Bund nicht eingehalten und folgerichtig verdient es die gerechte Strafe, das Exil. Die Worte des Propheten bezeugen das: »Doch er muss wieder zurück nach Ägypten, Assur wird sein König sein; denn sie haben sich geweigert umzukehren« (*Hos* 11,5). Und doch, nach dieser ersten Reaktion, die nach Gerechtigkeit verlangt, verändert der Prophet seine Wortwahl radikal und offenbart das wahre Antlitz Gottes: »Mein Herz wendet sich gegen mich, mein

Mitleid lodert auf. Ich will meinen glühenden Zorn nicht vollstrecken und Efraim nicht noch einmal vernichten. Denn ich bin Gott, nicht ein Mensch, der Heilige in deiner Mitte. Darum komme ich nicht in der Hitze des Zorns« (*Hos* 11,8–9). Der heilige Augustinus sagt gleichsam als Kommentar zu diesem Wort des Propheten: »Es ist leichter, dass Gott seinen Zorn zurückhält als seine Barmherzigkeit.« Das stimmt. Gottes Zorn dauert einen Augenblick, seine Barmherzigkeit dagegen währt ewig.

Wenn Gott bei der Gerechtigkeit stehen bliebe, dann wäre er nicht mehr Gott, sondern vielmehr wie die Menschen, die die Beachtung des Gesetzes einfordern. Die Gerechtigkeit alleine genügt nicht und die Erfahrung lehrt uns, dass wer nur an sie appelliert, Gefahr läuft, sie sogar zu zerstören. Darum überbietet Gott die Gerechtigkeit mit der Barmherzigkeit und der Vergebung. Das bedeutet keinesfalls, die Gerechtigkeit unterzubewerten oder sie überflüssig zu machen. Ganz im Gegenteil. Wer einen Fehler begeht, muss die Strafe verbüßen. Aber dies ist nicht der Endpunkt, sondern der Anfang der Bekehrung, in der man dann die Zärtlichkeit der Vergebung erfährt. Gott lehnt die Gerechtigkeit nicht ab. Er stellt sie aber in einen größeren Zusammenhang und geht über sie hinaus, so dass man die Liebe erfährt, die die Grundlage der wahren Gerechtigkeit ist. Wir müssen sehr genau hinschauen auf das, was Paulus schreibt, damit wir nicht genau in den Fehler verfallen, den der Apostel bei seinen jüdischen Zeitgenossen kritisiert: »Da sie die Gerechtigkeit Gottes verkannten und ihre eigene aufrichten wollten, haben sie sich der Gerechtigkeit Gottes nicht unterworfen. Denn Christus ist das Ende des Gesetzes, und jeder, der an ihn glaubt, wird gerecht« (*Röm* 10,3–4). Diese Gerechtigkeit Gottes ist die Barmherzigkeit, die allen als Gnade geschenkt wird kraft des Todes und der Auferstehung Jesu Christi. Das Kreuz ist also das Urteil

Gottes über uns alle und die Welt, denn es schenkt uns die Gewissheit der Liebe und des neuen Lebens.

Barmherzigkeit und Ablass

[21] Die Vergebung unserer Sünden durch Gott ist grenzenlos. Im Tod und in der Auferstehung Jesu Christi lässt Gott seine Liebe sichtbar werden, die selbst die Sünden der Menschen zerstört. Sich mit Gott zu versöhnen wird möglich aufgrund des Paschamysteriums und durch die Vermittlung der Kirche. Gott zeigt sich immer bereit zur Vergebung und er wird nicht müde, sie immer wieder neu und in unerwarteter Weise anzubieten. Dennoch machen wir die Erfahrung der Sünde. Wir wissen, dass wir zur Vollkommenheit berufen sind (vgl. *Mt* 5,48), aber wir spüren die schwere Last der Sünde. Während wir die Macht der Gnade wahrnehmen, die uns verwandelt, merken wir auch, wie sehr uns die Kraft der Sünde bestimmt. Trotz der Vergebung ist unser Leben geprägt von Widersprüchen, die die Folgen unserer Sünden sind. Im Sakrament der Versöhnung vergibt Gott die Sünden, die damit wirklich ausgelöscht sind. Und trotzdem bleiben die negativen Spuren, die diese in unserem Verhalten und in unserem Denken hinterlassen haben. Die Barmherzigkeit Gottes ist aber auch stärker als diese. Sie wird zum *Ablass*, den der Vater durch die Kirche, die Braut Christi, dem Sünder, dem vergeben wurde, schenkt und der ihn von allen Konsequenzen der Sünde befreit, so dass er wieder neu aus Liebe handeln kann und vielmehr in der Liebe wächst, als erneut in die Sünde zu fallen.

Die Kirche lebt die Gemeinschaft der Heiligen. In der Eucharistiefeier vollzieht sich diese Gemeinschaft, die ein Geschenk Gottes ist, als geistliches Band, das uns Glaubende mit der unzählbaren Schar der Heiligen und Seligen verbindet (vgl. *Offb* 7,4). Ihre Heiligkeit kommt unserer Gebrechlichkeit zu Hilfe, und so kann die Mutter Kirche mit ihren Gebeten und ihrem Leben der Schwachheit der einen mit der Heiligkeit der anderen entgegenkommen. Den Ablass … zu leben heißt also, sich der Barmherzigkeit des Vaters anzuvertrauen in der Gewissheit, dass seine Vergebung sich auf das gesamte Leben der Gläubigen auswirkt. Der Ablass bedeutet, die Heiligkeit der Kirche zu erfahren, die teilhat an allen heilbringenden Früchten der Erlösung durch Christus und die diese in der Vergebung weitergibt bis in die letzte Konsequenz hinein, denn die Liebe Gottes reicht auch dorthin …

Barmherzigkeit verbindet die Religionen

[22] Die Barmherzigkeit ist auch über die Grenzen der Kirche hinaus bedeutsam. Sie verbindet uns mit dem Judentum und dem Islam, für die sie eine der wichtigsten Eigenschaften Gottes darstellt. Das Volk Israel hat als Erstes diese Offenbarung erhalten, die in der Geschichte als der Beginn eines unermesslichen Reichtums bleibt, den es der ganzen Menschheit anzubieten gilt. Wie wir gesehen haben, sind die Seiten des Alten Testamentes voll von Barmherzigkeit, denn sie erzählen von den Werken des Herrn, die dieser für sein Volk in den schwierigsten Momenten seiner Geschichte vollbracht hat. Der Islam seinerseits zählt zu den Namen für den Schöpfer auch den Namen Allerbarmer und Allbarmherziger. Diese Anrufung ist oft auf den Lippen der gläubigen Muslime, die sich in der täglichen Schwachheit von der Barmherzigkeit begleitet und getragen wissen. Auch sie glauben, dass niemand der göttlichen Barmherzigkeit Grenzen setzen kann, denn ihre Tore stehen immer offen …

Lassen wir uns von Gott überraschen

[23] Lassen wir uns ... von Gott überraschen. Er wird nicht müde, die Tür seines Herzens offen zu halten und zu wiederholen, dass er uns liebt und sein Leben mit uns teilen will. Die Kirche spürt die dringende Notwendigkeit, Gottes Barmherzigkeit zu verkünden. Ihr Leben ist authentisch und glaubwürdig, wenn sie die Barmherzigkeit überzeugend verkündet. Sie weiß, dass besonders in einer Zeit wie der unsrigen, die voller großer Hoffnungen ist, aber auch voller starker Widersprüche, ihr vorrangiger Auftrag darin besteht, alle durch die Betrachtung des Antlitzes Christi in das große Geheimnis der Barmherzigkeit Gottes einzuführen. Die Kirche ist berufen, als Erste glaubhafte Zeugin der Barmherzigkeit zu sein, indem sie diese als die Mitte der Offenbarung Jesu Christi bekennt und lebt. Aus dem Herzen der Dreifaltigkeit, aus dem tiefsten Inneren des göttlichen Geheimnisses entspringt und quillt ununterbrochen der große Strom der Barmherzigkeit. Diese Quelle kann niemals versiegen, seien es auch noch so viele, die zu ihr kommen. Wann immer jemand das Bedürfnis verspürt, kann er sich ihr nähern, denn die Barmherzigkeit Gottes ist ohne Ende. So groß und so unergründlich ist die Tiefe des Geheimnisses, das sie umfängt, so groß und so unergründlich der Reichtum, der aus ihr hervorquillt ...

Die Kirche werde nie müde, Barmherzigkeit anzubieten, und sie sei stets geduldig im Trösten und Vergeben. Sie mache sich zur Stimme eines jeden Mannes und einer jeden Frau und wiederhole voll Vertrauen und ohne Unterlass: »Denk an dein Erbarmen, Herr, und an die Taten deiner Huld; denn sie bestehen seit Ewigkeit« (*Ps* 25,6).

(Bulle Misericordiae Vultus, 11.4.2015)

2 – Persönlicher Zugang

Mit dem großen Manifest des Papstes, seiner Bulle zum Heiligen Jahr der Barmherzigkeit, sind wir in diese Sammlung gestartet. Es gibt aber auch noch einen alternativen, übrigens auch einfacheren Zugang zum Thema: den persönlichen. Barmherzigkeit ist kein abstrakter Begriff, sondern etwas ganz Konkretes. Sie entsteht in, sie lebt von einer lebendigen Beziehung zwischen Gott und mir. In seinem Interview mit Jesuitenzeitschriften dekliniert Papst Franziskus das an sich selbst durch. Die Schilderung des Gesprächs stammt von dem italienischen Jesuiten Antonio Spadaro.

Das Caravaggio-Bild, auf das sich Franziskus bezieht, ist die um 1600 entstandene »Berufung des hl. Matthäus« in der französischen Nationalkirche unweit der Piazza Navona. Es zeigt in dem für Caravaggio charakteristischen Hell-Dunkel-Kontrast, wie der von rechts in das Gemälde hineintretende Jesus mit dem Finger auf einen Zöllner weist, der mit einigen Kameraden an einem Tisch sitzt.

[Antonio Spadaro:] Ich habe die Fragen vor mir, aber ich beschließe, nicht dem von mir vorbereiteten Entwurf zu folgen, und frage den Papst etwas unvermittelt: »Wer ist JorgeMario Bergoglio?« Der Papst blickt mich schweigend an. Ich frage ihn, ob man ihm eine solche Frage stellen darf. Er gibt mir ein Zeichen, dass er die Frage akzeptiert, und sagt: »Ich weiß nicht, was für eine Definition am zutreffendsten sein könnte ... Ich bin ein

Sünder. Das ist die richtigste Definition. Und es ist keine Redensart, kein literarisches Genus. Ich bin ein Sünder.«

Der Papst denkt weiter nach, ergriffen, so als hätte er diese Frage nicht erwartet, als wäre er gezwungen, eine weitere Überlegung anzustellen.

»Ja, ich kann vielleicht sagen, ich bin ein wenig gewieft, ich verstehe mich zu bewegen, aber es stimmt, dass ich auch ein bisschen arglos bin. Ja, aber die beste Zusammenfassung, die mir aus dem Innersten kommt und die ich für die zutreffendste halte, lautet: ›Ich bin ein Sünder, den der Herr angeschaut hat.‹« *Und er wiederholt:* »Ich bin einer, der vom Herrn angeschaut wird. Meinen Wahlspruch *Miserando atque eligendo (ungefähr: Voller Erbarmen wählte er ihn aus)* habe ich immer als sehr zutreffend für mich empfunden.«

Der Wahlspruch des Papstes stammt aus den Homilien des heiligen Beda Venerabilis, der in seinem Kommentar zur Episode der Berufung des heiligen Matthäus schreibt: »Jesus sah einen Zöllner, *und* als er ihn liebevoll anblickte und erwählte, *sagte er zu ihm: Folge mir!« Und der Papst fügt hinzu:* »Das lateinische Gerundium *miserando* scheint mir sowohl ins Italienische wie ins Spanische unübersetzbar zu sein. Ich würde es am liebsten mit einem anderen Gerundium übersetzen, das es gar nicht gibt: *misericordiando.*«

Papst Franziskus fährt mit einem Gedankensprung, dessen Sinn ich nicht gleich verstehe, in seiner Betrachtung fort: »Ich kenne Rom nicht. Ich kenne nur wenige Orte der Stadt. Darunter Santa Maria Maggiore; dorthin bin ich immer wieder gegangen.« *Ich lache und sage zu ihm: »Das haben wir alle sehr wohl verstanden, Heiliger Vater!«*

»Ja doch«, *fährt der Papst fort,* »ich kenne Santa Maria Maggiore, Sankt Peter … Aber wenn ich nach Rom kam, habe ich immer in der Via Scrofa gewohnt. Von dort besuchte ich oft die Kirche San Luigi dei Francesi; dorthin ging ich, um das von Caravaggio gemalte Bild von der Berufung des heiligen Matthäus zu betrachten.«

Ich beginne zu ahnen, was mir der Papst sagen will. »Dieser Finger Jesu, der auf Matthäus weist – so bin ich, so fühle ich mich, wie Matthäus.« *Und hier wird der Papst entschieden, so als hätte er das Bild von sich, nach dem er suchte, erfasst:* »Es ist die Geste des Matthäus, die mich betroffen macht: Er packt sein Geld, als wollte er sagen: ›Nein, nicht mich! Dieses Geld gehört mir nicht! Siehe, das bin ich: ein Sünder, den der Herr angeschaut hat.‹ Und das habe ich gesagt, als sie mich fragten, ob ich meine Wahl zum Papst annehme.« *Dann murmelt er:* »Peccator sum, sed super misericordia et infinita patientia Domini nostri Jesu Christi confisus et in spiritu penitentiae accepto.«

(Interview mit Jesuitenzeitschriften, veröffentlicht am 19.9.2013)

3 – Der erste Akzent des Pontifikats

Am 13. März 2013 wurde Kardinal Jorge Mario Bergoglio zum Papst gewählt. Am darauffolgenden Sonntag feierte er – noch vor seinem offiziellen Amtsantritt – eine Messe in der kleinen Vatikanpfarrkirche St. Anna, die gleich neben dem Angestellteneingang des Vatikans liegt. Das Evangelium dieses Tages (Joh 8,1–11) schildert, wie Jesus die Steinigung einer Ehebrecherin verhindert; Franziskus nutzte das, um gleich zu Beginn seines Pontifikats den Primat der Barmherzigkeit zu betonen.

In diesem Kapitel sind die ersten programmatischen Texte von Franziskus nach seiner Wahl zusammengetragen, die von Barmherzigkeit handeln. Das Thema ist der erste, grundlegende Akzent, den der Papst setzte. »Die Botschaft Jesu ist diese: Barmherzigkeit. Für mich – ich sage das in aller Bescheidenheit – ist das die stärkste Botschaft des Herrn: die Barmherzigkeit« (Predigt in der Vatikanpfarrkirche).

Unmittelbar nach dieser Predigt, beim ersten Angelusgebet, spann Franziskus den Faden weiter; außer auf den Abschnitt aus dem Johannesevangelium bezog er sich nun auch auf einen Psalm und auf den Propheten Jesaja. Auffallend ist in diesen ersten zwei Texten der direkte Sprechstil des Papstes; er erzählt eine Anekdote aus seiner Zeit in Buenos Aires, er empfiehlt das Buch »Barmherzigkeit« des deutschen Kurienkardinals Walter Kasper und er führt imaginäre Zwiegespräche, deren gedanklicher Ort offenbar der Beichtstuhl ist (»Pater, worin liegt das Problem?« u. Ä.). Franziskus argumentiert hier nicht, sondern erzählt; das Thema Barmherzigkeit wird assoziativ eingekreist, nicht theolo-

gisch durchgeackert, er appelliert vor allem an das Gefühl und weniger an den Verstand.

Von seiner römischen Bischofskirche, der Basilika San Giovanni in Laterano, nahm Franziskus ausgerechnet am Sonntag der Göttlichen Barmherzigkeit, dem »Weißen Sonntag« 2013, Besitz. In seiner Predigt bezog er sich u. a. ausführlich auf das Gleichnis Jesu vom verlorenen Sohn, das einer seiner biblischen Lieblingstexte zu sein scheint; und er brachte das Thema Barmherzigkeit mit zwei für ihn wichtigen Begriffen in Verbindung, mit der Geduld und der Zärtlichkeit Gottes. »Haben wir keine Angst vor der Zärtlichkeit«, hatte er kurz zuvor in der Predigt zu seiner Amtseinführung ausgerufen.

Der Herr wird nie müde, zu verzeihen

Schön ist das: zuerst – Jesus allein auf dem Berg, im Gebet. Er betete allein (vgl. *Joh* 8,1). Dann begab er sich wieder in den Tempel, und alles Volk kam zu ihm (vgl. V. 2) – Jesus mitten unter dem Volk. Und dann, am Ende, ließen sie ihn allein mit der Frau (vgl. V. 9). Diese Einsamkeit Jesu! Aber eine fruchtbare Einsamkeit: die des Gebetes, mit dem Vater, und die so schöne – das ist ja die heutige Botschaft der Kirche –, die seiner Barmherzigkeit mit dieser Frau.

Dann gibt es da noch Unterschiede im Volk. Es war das ganze Volk, das zu ihm kam. Er setzte sich und lehrte sie: das Volk, das die Worte Jesu hören wollte, das Volk mit dem offenen Herzen, das hungerte nach dem Wort Gottes. Und dann gab es die, die nichts hörten, nicht hören konnten; das sind die, die mit jener Frau ankamen:»Hör mal, Meister, diese hier, das ist so eine gewisse, so eine … Wir müssen doch mit diesen Frauen tun, was Mose uns vorgeschrieben hat« (vgl. V. 4–5).

Auch wir sind, glaube ich, dieses Volk, das einerseits Jesus hören will; aber andererseits gefällt es uns, auf die anderen einzuschlagen, die anderen zu verurteilen. Und die Botschaft Jesu ist diese: Barmherzigkeit. Für mich – ich sage das in aller Bescheidenheit – ist das die stärkste Botschaft des Herrn: die Barmherzigkeit. Aber er selbst hat es ja gesagt: »Ich bin nicht für die Gerechten gekommen.« Die Gerechten rechtfertigen sich selber. Oh, lieber Gott, wenn du das kannst, ich kann es nicht! Doch sie glauben, es zu können. – »Ich bin für die Sünder gekommen« (vgl. *Mk* 2,17).

Denkt an das Gerede nach der Berufung des Matthäus: »Aber dieser da gibt sich mit Sündern ab!« (vgl. *Mk* 2,16). Er aber ist für uns gekommen, wenn wir zugeben, dass wir Sünder sind. Doch wenn wir sind wie jener Pharisäer vor dem Altar – »Ich danke dir, Herr, dass ich nicht bin wie all die anderen Menschen und auch nicht wie der da an der Tür, wie dieser Zöllner« (vgl. *Lk* 18,11–12) –, dann kennen wir nicht das Herz des Herrn und werden niemals die Freude haben, diese Barmherzigkeit zu spüren!

Es ist nicht leicht, sich der Barmherzigkeit Gottes anzuvertrauen, denn das ist ein unergründlicher Abgrund. Aber wir müssen es tun! »Oh, Pater, würden Sie mein Leben kennen, dann würden Sie nicht so mit mir reden!« – »Wieso? Was hast du getan?« – »Oh, ich habe Schlimmes getan!« – »Umso besser! Geh zu Jesus: Ihm gefällt es, wenn du ihm diese Dinge erzählst!« Er vergisst, er hat eine ganz besondere Fähigkeit, zu vergessen. Er vergisst, küsst dich, schließt dich in seine Arme und sagt dir nur: »Auch ich verurteile dich nicht. Geh und sündige von jetzt an nicht mehr!« (*Joh* 8,11). Nur diesen Rat gibt er dir.

Einen Monat später sind wir wieder in derselben Lage … Kehren wir zum Herrn zurück! Der Herr wird niemals müde zu verzeihen: niemals! Wir sind es, die müde werden, ihn um Vergebung zu bitten! Erbitten wir also die Gnade, dass wir nicht müde werden, um Vergebung zu bitten, denn er wird nie müde zu verzeihen. Bitten wir um diese Gnade!

(Predigt in der Vatikanpfarrkirche, 17. 3. 2013)

Immer hat er Geduld mit uns

Am heutigen fünften Sonntag der Fastenzeit legt uns das Evangelium die Episode von der ehebrecherischen Frau vor (vgl. *Joh* 8,1–11), die Jesus vor der Verurteilung zum Tod rettet. Es beeindruckt die Haltung Jesu: Wir hören keine Worte der Verachtung, wir hören keine Worte der Verdammung, sondern nur Worte der Liebe, der Barmherzigkeit, die zur Umkehr auffordern. »Auch ich verurteile dich nicht. Geh und sündige von jetzt an nicht mehr!« (V. 11). Ja, Brüder und Schwestern, das Gesicht Gottes ist das eines barmherzigen Vaters, der immer Geduld hat. Habt ihr an die Geduld Gottes gedacht, die Geduld, die er mit einem jeden von uns hat? Das ist seine Barmherzigkeit. Immer hat er Geduld, Geduld mit uns, er versteht uns, er wartet auf uns, er wird es nicht müde, uns zu vergeben, wenn wir es verstehen, reuigen Herzens zu ihm zurückzukehren. »Groß ist die Barmherzigkeit des Herrn«, sagt der Psalm.

In diesen Tagen hatte ich die Gelegenheit, das Buch eines Kardinals – Kardinal Kaspers, eines Theologen, der sehr tüchtig ist, eines guten Theologen – über die Barmherzigkeit zu lesen. Und jenes Buch hat mir sehr gut getan, doch glaubt jetzt nicht, dass ich Werbung für die Bücher meiner Kardinäle mache! Dem ist nicht so! Doch es hat mir so gut-, so gutgetan … Kardinal Kasper sagte, dass von der Barmherzigkeit zu hören, dass dieses Wort alles ändert. Es ist das Beste, was wir hören können: Es ändert die Welt. Ein wenig Barmherzigkeit macht die Welt weniger kalt und viel gerechter. Wir haben es notwendig, diese Barmherzigkeit Gottes gut zu verstehen, dieses barmherzigen Vaters, der so viel Geduld hat … Wir erinnern uns an den Propheten Jesaja, der sagt: Wären unsere Sünden auch rot wie Scharlach, so würde sie die Liebe Gottes weiß wie Schnee machen. Schön ist das, das mit der Barmherzigkeit!

Eine Erinnerung: Gerade als ich Bischof geworden war, im Jahr 1992, ist die (Statue der) Gottesmutter von Fatima nach Buenos Aires gekommen, und es wurde eine große Messe für die Kranken gefeiert. Ich bin zu jener Messe gegangen, um Beichte zu hören. Und fast am Schluss der Messe bin ich aufgestanden, weil ich eine Firmung spenden musste. Da ist eine alte, einfache, sehr einfache Frau zu mir gekommen, die über achtzig war. Ich habe sie angeschaut und zu ihr gesagt: »Nonna« – denn bei uns sagt man so zu den alten Leuten: »Nonna – wollen Sie beichten?« »Ja«, sagte sie mir. »Aber wenn Sie nicht gesündigt haben …« Und sie hat mir erwidert: »Alle haben wir Sünden …« »Doch vielleicht vergibt sie der Herr nicht …« »Der Herr vergibt alles«, antwortete sie mir mit Überzeugung. »Frau, wie aber können Sie das wissen?« »Wenn der Herr nicht alles vergäbe, gäbe es die Welt nicht.« Ich hätte sie gerne gefragt: »Sagen Sie mir, liebe Frau, haben Sie an der Gregoriana studiert?«, denn das ist die Weisheit, die der Heilige Geist gibt: die innere Weisheit, die zur Barmherzigkeit Gottes führt.

Wir wollen dieses Wort nicht vergessen: Gott wird es nie müde, uns zu vergeben, nie! »Oh, Pater, worin liegt das Problem?« Tja, das Problem ist, dass wir es müde werden, dass wir nicht wollen, dass wir es müde werden, um Vergebung zu bitten. Er wird es nie müde, zu vergeben, doch wir werden bisweilen müde, die Vergebung zu erbitten. Wir wollen dessen nie müde werden, nie! Er ist der liebende Vater, der immer vergibt, der dieses Herz der Barmherzigkeit für uns alle hat, und auch wir wollen lernen, mit allen barmherzig zu sein. Bitten wir um die Fürsprache der Gottesmutter, die die Mensch gewordene Barmherzigkeit Gottes in ihren Armen gehalten hat.

(Angelus, 17. 3. 2013)

Jeder kann sagen: »für mich«

In seiner irdischen Sendung war Jesus auf den Wegen des Heiligen Landes unterwegs; er hat zwölf einfache Personen dazu berufen, bei ihm zu bleiben, an seinem Weg teilzunehmen und seine Sendung weiterzuführen; er hat sie aus dem Volk auserwählt, das von Glauben an die Verheißungen Gottes erfüllt war. Er hat zu allen gesprochen, ohne Unterschied, zu den Großen und zu den Demütigen, zum reichen Jüngling und zur armen Witwe, zu den Mächtigen und zu den Schwachen; er hat die Barmherzigkeit und die Vergebung Gottes gebracht; er hat geheilt, getröstet, verstanden; er hat Hoffnung geschenkt; er hat allen die Gegenwart Gottes gebracht, der für jeden Mann und jede Frau Sorge trägt, wie ein guter Vater und eine gute Mutter es für ein jedes ihrer Kinder tun.

Gott hat nicht darauf gewartet, dass wir zu ihm gehen, sondern er selbst ist auf uns zugekommen, ohne Berechnung, ohne Maß. Gott ist so: Er macht immer den ersten Schritt, er kommt auf uns zu. Jesus hat die täglichen Wirklichkeiten der einfachsten Menschen erlebt: Er hatte Mitleid mit der Menge, die wie eine Herde war, die keinen Hirten hat; er hat geweint angesichts des Leidens von Marta und Maria um den Tod ihres Bruders Lazarus; er hat einen Zöllner als seinen Jünger berufen; er hat auch den Verrat eines Freundes erlitten. In ihm hat Gott uns die Gewissheit gegeben, dass er bei uns ist, mitten unter uns. »Die Füchse«, hat er – Jesus – gesagt, »die Füchse haben ihre Höhlen und die Vögel ihre Nester; der Menschensohn aber hat keinen Ort, wo er sein Haupt hinlegen kann« (*Mt* 8,20). Jesus hat kein Zuhause, denn sein Zuhause sind die Menschen, sind wir, seine Sendung ist es, allen die Türen zu Gott zu öffnen, die liebevolle Gegenwart Gottes zu sein …

Jesus lebt diese Liebe, die zum Opfer führt, nicht auf passive Weise oder wie ein verhängnisvolles Schicksal. Gewiss versteckt er seine tiefe menschliche Erschütterung vor dem gewaltsamen Tod nicht, aber er vertraut sich vollkommen dem Vater an. Jesus hat sich freiwillig dem Tod ausgeliefert, um der Liebe Gottes, des Vaters, zu entsprechen, in vollkommener Einheit mit seinem Willen, um seine Liebe zu uns zu beweisen. Am Kreuz hat Jesus »mich geliebt und sich für mich hingegeben« (*Gal* 2,20). Jeder von uns kann sagen: Er hat mich geliebt und sich für mich hingegeben. Jeder kann dies sagen: »für mich«.

Was bedeutet all das für uns? Es bedeutet, dass dies auch mein, dein, unser Weg ist … Jesus nachzufolgen, nicht nur mit tiefbewegtem Herzen; die Karwoche zu leben und Jesus nachzufolgen heißt, zu lernen, aus uns selbst herauszugehen …, um den anderen entgegenzugehen, um an die Grenzen der Existenz zu gehen, als Erste auf unsere Brüder und unsere Schwestern zuzugehen, vor allem auf jene, die fern sind, die vergessen sind, die am meisten Verständnis, Trost, Hilfe brauchen. Es gibt so viel Bedarf, anderen die lebendige Gegenwart des barmherzigen und liebevollen Jesus zu bringen! …

Gott ist aus sich selbst herausgegangen, um zu uns zu kommen, er hat sein Zelt unter uns aufgeschlagen, um uns seine Barmherzigkeit zu bringen, die rettet und Hoffnung schenkt. Auch wir, wenn wir ihm nachfolgen und bei ihm bleiben wollen, dürfen uns nicht damit begnügen, im Stall bei den 99 Schafen zu bleiben, sondern müssen »herausgehen«, mit ihm nach dem verlorenen Schaf suchen, das am weitesten entfernt ist. Merkt euch gut: aus uns herausgehen, wie Jesus, wie Gott aus sich selbst herausgegangen ist in Jesus und Jesus aus sich selbst herausgegangen ist für uns alle. ...

Gott denkt immer mit Barmherzigkeit: Vergesst das nicht! Gott denkt immer mit Barmherzigkeit: Er ist der barmherzige Vater! Gott denkt wie der Vater, der auf die Rückkehr seines Sohnes wartet und ihm entgegengeht, ihn schon von Weitem kommen sieht ...

Was bedeutet das? Dass er jeden Tag Ausschau hielt, ob sein Sohn nach Hause zurückkehrte: Das ist unser barmherziger Vater. Es ist das Zeichen dafür, dass er auf der Terrasse seines Hauses von Herzen auf ihn wartete. Gott denkt wie der Samariter, der an dem Unglücklichen nicht bedauernd vorübergeht oder seinen Blick von ihm abwendet, sondern ihm zu Hilfe kommt, ohne etwas dafür zu verlangen; ohne zu fragen, ob er Jude ist, ob er Heide ist, ob er Samariter ist, ob er reich ist, ob er arm ist: Er fragt nichts. Er fragt nicht nach diesen Dingen, er verlangt nichts. Er kommt ihm zu Hilfe: So ist Gott. Gott denkt wie der Hirte, der sein Leben hingibt, um die Schafe zu verteidigen und zu retten ...

Immer herausgehen! Und das mit Liebe und mit der Zärtlichkeit Gottes, mit Achtung und mit Geduld, im Wissen, dass wir unsere Hände, unsere Füße, unser Herz zur Verfügung stellen, dann aber Gott es ist, der sie führt und der all unser Handeln fruchtbar macht. Ich wünsche allen, diese Tage gut zu leben, indem wir dem Herrn mutig nachfolgen und in uns selbst einen Strahl seiner Liebe zu allen bringen, denen wir begegnen.

(Erste Generalaudienz, 27. 3. 2013)

Jesus: die Mensch gewordene Barmherzigkeit

Heute ist der Sonntag der Göttlichen Barmherzigkeit, dem Willen des seligen Johannes Paul II. (1978–2005) entsprechend, dessen Augen sich für die Welt gerade am Vorabend dieses Festtages schlossen … Zu allen Zeiten und an jedem Ort sind selig jene, die durch das in der Kirche verkündete und von den Christen bezeugte Wort glauben, dass Jesus Christus die Mensch gewordene Liebe Gottes, die Mensch gewordene Barmherzigkeit ist. Und das gilt für einen jeden von uns!

Den Aposteln schenkte Jesus zusammen mit seinem Frieden den Heiligen Geist, damit sie in der Welt die Vergebung der Sünden verbreiten können, jene Vergebung, die allein Gott schenken kann und die mit dem Blut des Sohnes bezahlt wurde (vgl. *Joh* 20,21–23). Die Kirche ist vom auferstandenen Christus gesandt, den Menschen die Vergebung der Sünden zu vermitteln und so das Reich der Liebe wachsen zu lassen, den Frieden in den Herzen zu säen, damit er sich auch in den Beziehungen, in der Gesellschaft, in den Institutionen behaupte … Wir dürfen keine Angst haben, Christen zu sein und als Christen zu leben! Wir müssen diesen Mut haben, hinzugehen und den auferstandenen Christus zu verkündigen, da er unser Friede ist; er hat Frieden gestiftet mit seiner Liebe, mit seiner Vergebung, mit seinem Blut, mit seiner Barmherzigkeit.

(Regina Coeli, 7. 4. 2013)

»Ich habe das barmherzige Antlitz Gottes gesehen«

Wir feiern heute den Zweiten Sonntag der Osterzeit, der auch »Sonntag der Göttlichen Barmherzigkeit« genannt wird. Wie schön ist diese Wirklichkeit des Glaubens für unser Leben: die *Barmherzigkeit* Gottes! Eine so große, so tiefe Liebe hat Gott zu uns, eine Liebe, die niemals nachlässt, immer unsere Hand ergreift und uns stützt, uns wieder aufrichtet, uns lenkt.

Im heutigen Evangelium macht der Apostel Thomas eigens die Erfahrung der Barmherzigkeit Gottes, die ein konkretes Gesicht hat, das Gesicht Jesu, des auferstandenen Jesus. Thomas traut nicht dem, was die anderen Apostel ihm sagen: »Wir haben den Herrn gesehen«; es genügt ihm nicht die Verheißung Jesu, der angekündigt hatte: Am dritten Tag werde ich auferstehen. Er will sehen, will seine Finger in die Male der Nägel und seine Hand in Jesu Seite legen. Und was ist die Reaktion Jesu? *Geduld:* Jesus lässt den eigensinnigen Thomas in seiner Ungläubigkeit nicht fallen; er gibt ihm eine Woche Zeit, verschließt nicht die Tür, sondern wartet. Und Thomas erkennt seine Armseligkeit, seine Kleingläubigkeit. »Mein Herr und mein Gott«: Mit diesem einfachen, doch glaubensvollen Ruf antwortet er auf die Geduld Jesu. Er lässt sich von der göttlichen Barmherzigkeit umfangen, sieht sie vor sich in den Wunden der Hände und der Füße, in der geöffneten Seite, und gewinnt das Vertrauen zurück: Er ist ein neuer Mensch, nicht mehr ungläubig, sondern gläubig.

Und erinnern wir uns auch an Petrus: Dreimal verleugnet er Jesus gerade in dem Moment, als er ihm ganz besonders nahe hätte sein sollen. Und als ihm dies zutiefst bewusst wird, begegnet ihm der Blick Jesu, der ihm geduldig und ohne Worte zu verstehen gibt: »Petrus, hab keine Angst wegen deiner Schwachheit, vertraue auf mich!« Und Petrus versteht, spürt den liebevollen

Blick Jesu und weint. Wie schön ist dieser Blick Jesu – wie viel Zärtlichkeit! Brüder und Schwestern, verlieren wir niemals das Vertrauen in die geduldige Barmherzigkeit Gottes!

Denken wir an die beiden Emmausjünger: Mit traurigem Gesicht gehen sie so vor sich hin, ohne Hoffnung. Aber Jesus verlässt sie nicht: Er geht mit ihnen, und nicht nur das! Geduldig erklärt er ihnen, was in der Schrift über ihn geschrieben steht, und bleibt, um mit ihnen Mahl zu halten. Das ist der Stil Gottes: Er ist nicht ungeduldig wie wir, die wir oft alles und sofort wollen, auch von den Menschen. Gott hat Geduld mit uns, denn er liebt uns, und wer liebt, der versteht, hofft, schenkt Vertrauen, gibt nicht auf, bricht die Brücken nicht ab, weiß zu verzeihen. Erinnern wir uns daran in unserem Leben als Christen: Gott wartet immer auf uns, auch wenn wir uns entfernt haben! Er ist niemals fern, und wenn wir zu ihm zurückkehren, ist er bereit, uns in seine Arme zu schließen.

Mir macht es immer einen tiefen Eindruck, wenn ich das Gleichnis vom barmherzigen Vater lese; es beeindruckt mich, weil es mir stets große Hoffnung schenkt. Denkt an jenen jüngeren Sohn, der im Haus des Vaters war, der geliebt wurde. Und doch will er sein Erbteil, geht weg, gibt alles aus, sinkt auf das niedrigste Niveau herab, am weitesten entfernt vom Vater. Und als er völlig heruntergekommen ist, verspürt er Heimweh nach der Geborgenheit des Vaterhauses, und er kehrt zurück. Und der Vater? Hatte er seinen Sohn vergessen? Nein, niemals. Er ist dort, sieht ihn von Weitem, erwartete ihn jeden Tag, jeden Moment: Immer hatte er ihn als Sohn in seinem Herzen, obwohl dieser ihn verlassen hatte, obwohl er das ganze Erbe, das heißt seine Freiheit vergeudet hatte. Mit Geduld und Liebe, mit Hoffnung und Barmherzigkeit hatte der Vater nicht einen Moment aufgehört, an ihn zu denken, und sobald er ihn von ferne erspäht, läuft er ihm entgegen und umarmt ihn zärtlich – mit der Zärtlichkeit Gottes – ohne ein einziges Wort des Vorwurfs: Er ist zurückgekehrt! Und das ist die Freude des Vaters. In dieser Umarmung des Sohns liegt diese ganze Freude: Er ist zurückgekehrt! Gott wartet immer auf uns, er wird nicht müde. Jesus führt uns diese barmherzige Geduld Gottes vor Augen, damit wir Vertrauen und Hoffnung zurückgewinnen, immer! Ein großer deutscher Theologe, Romano Guardini, sagte, dass die Geduld Gottes auf unsere Schwäche antwortet und dies die Rechtfertigung unserer Zuversicht, unserer Hoffnung ist.[13] Das ist wie ein Zwiegespräch zwischen unserer Schwachheit und der Geduld Gottes. Ein Dialog – wenn wir diesen Dialog führen, schenkt er uns Hoffnung.

Ich möchte noch ein anderes Element unterstreichen: Die Geduld Gottes muss in uns den *Mut* antreffen, *zu ihm zurückzukehren,* ganz gleich, welchen Fehler, welche Sünde es in unserem Leben gibt. Jesus lädt Thomas ein, den Finger in die Wunden seiner Hände und Füße und die Hand in seine geöffnete Seite zu legen. Auch wir können in die Wunden Jesu hineinfassen, ihn wirklich berühren; und das geschieht jedes Mal, wenn wir gläubig die Sakramente empfangen. Der heilige Bernhard sagt in einer schönen Predigt: »Durch … die Wunden [Jesu] kann ich Honig aus dem Felsen saugen und Öl aus den Felsspalten (vgl. *Dtn* 32,13), das heißt kosten und erfahren, wie gut der Herr ist« (*Homilie über das Hohelied* 61,4). Gerade in den Wunden Jesu sind wir sicher, dort zeigt sich die unermessliche Liebe seines Herzens. Thomas hatte es begriffen. Der heilige Bernhard fragt sich: Aber worauf kann ich mich verlassen? Auf meine Verdienste? Doch »mein Verdienst ist die Barmherzigkeit Gottes. Sicher bin ich nicht arm an Verdiensten, solange er reich an

---

[13] Vgl. *Glaubenserkenntnis,* Würzburg 1949, S. 28.

Barmherzigkeit ist. Und so habe ich, wenn die Barmherzigkeiten des Herrn zahlreich sind, einen Überfluss an Verdiensten« (*ebd.* 5). Das ist wichtig: der Mut, mich der Barmherzigkeit Jesu anzuvertrauen, auf seine Geduld zu zählen, immer Zuflucht in den Wunden seiner Liebe zu nehmen. Der heilige Bernhard geht so weit zu sagen: »Doch was soll ich sagen, wenn ich Gewissensbisse habe wegen meiner vielen Sünden? ›Wo die Sünde mächtig wurde, da ist die Gnade übergroß geworden‹ (*Röm* 5,20)« (*ebd.*).

Vielleicht könnte jemand unter uns denken: Meine Sünde ist so groß, meine Entfernung von Gott ist wie die des jüngeren Sohnes aus dem Gleichnis, mein Unglaube ist wie der des Thomas; ich habe nicht den Mut umzukehren, zu meinen, Gott könne mich aufnehmen und warte ausgerechnet auf mich. Doch Gott wartet gerade auf dich, er verlangt von dir nur den Mut, zu ihm zu gehen. Wie oft habe ich in meinem seelsorglichen Dienst die Worte gehört: »Pater, ich habe viele Sünden«; und meine Einladung war immer: »Keine Angst, geh zu ihm, er erwartet dich, er wird alles tun.« Wie viele weltliche Angebote hören wir in unserer Umgebung, aber lassen wir uns vom Angebot Gottes ergreifen – es ist eine herzliche Liebkosung. Für Gott sind wir keine Nummern, wir sind ihm wichtig, ja, wir sind das Wichtigste, das er hat; auch wenn wir Sünder sind, sind wir das, was ihm am meisten am Herzen liegt.

Adam empfindet nach der Sünde Scham, er fühlt sich nackt, spürt das Gewicht dessen, was er getan hat. Und doch gibt Gott nicht auf: Wenn in jenem Moment mit der Sünde die Verbannung aus Gottes Nähe beginnt, gibt es bereits die Verheißung der Rückkehr, die Möglichkeit, zu ihm zurückzukehren. Gott fragt sofort: »Adam, wo bist du?«, er sucht ihn. Jesus hat sich für uns entäußert, hat die Schande Adams, die Nacktheit seiner Sünde auf sich geladen, um unsere Sünde reinzuwaschen: Durch seine

Wunden sind wir geheilt. Erinnert euch an die Worte des heiligen Paulus: Welcher Sache soll ich mich rühmen, wenn nicht meiner Schwachheit, meiner Armseligkeit? Gerade indem ich meine Sünde empfinde, indem ich meine Sünde anschaue, kann ich die Barmherzigkeit Gottes, seine Liebe sehen und ihr begegnen und zu ihm gehen, um die Vergebung zu empfangen.

In meinem persönlichen Leben habe ich viele Male das barmherzige Antlitz Gottes, seine Geduld gesehen. Bei vielen Menschen habe ich auch den Mut beobachtet, in die Wunden Jesu hineinzufassen und ihm zu sagen: Herr, da bin ich, nimm meine Armut an, verbirg meine Sünde in deinen Wunden, wasche sie rein mit deinem Blut. Und ich habe immer gesehen, dass Gott es getan hat, dass er aufgenommen, getröstet, gewaschen, geliebt hat.

Liebe Brüder und Schwestern, lassen wir uns von der Barmherzigkeit Gottes einhüllen; vertrauen wir auf seine Geduld, die uns immer Zeit lässt; haben wir den Mut, in sein Haus zurückzukehren, in den Wunden seiner Liebe zu wohnen und uns von ihm lieben zu lassen, seiner Barmherzigkeit in den Sakramenten zu begegnen. Wir werden seine so schöne Zärtlichkeit spüren, wir werden seine Umarmung spüren und auch selber fähiger sein zu Barmherzigkeit, Geduld, Vergebung und Liebe.

(Predigt in der Lateranbasilika, 7. 4. 2013)

4 – Die Kirche, ein »Feldlazarett«

Papst Franziskus' Überzeugung vom Primat der Barmherzigkeit prägt natürlich auch sein Bild von der Kirche: Nicht eine NGO soll diese sein, aber doch ein »Feldlazarett«, wo Wunden versorgt werden, ohne dass lange gefackelt wird. »Das ist nicht ein Bild von vielen, das einen Teil der Kirche beschreibt, es ist das Bild dafür, um die Kirche als Ganzes zu verstehen.«[14] Einen Gegensatz zwischen Seelsorge und Lehre kann der Papst nicht erkennen; das eine hängt am anderen, Glaube drückt sich direkt in Nächstenliebe aus, die »Hände schmutzig« macht sich nicht nur der Seelsorger, sondern auch der »Schriftgelehrte«. Priestern schreibt der heutige Papst gerne einmal ins Stammbuch, dass sie »nach der Herde riechen« sollten, und Bischöfe mahnt er immer wieder, sie sollten »Hirten sein und nicht Fürsten«.

Dem argentinischen Jesuiten Diego Fares, der Jorge Mario Bergoglio seit den 1970er-Jahren kennt, kommt das sehr bekannt vor. »Das sagt er schon seit 40 Jahren«, so Fares im Frühjahr 2015 zu Radio Vatikan:

»Damals waren wir Novizen und Studenten, und er war unser Provinzial und später unser Rektor. Ich erinnere mich an einen Gefährten, der mal durch den Garten unseres Kollegs (in Buenos Aires) spazierte; wir hatten da Schweine, Kühe und Schafe. Da sah er, wie Bergoglio, unser Rektor, einem Schaf beim Gebären half. Er fragte: ›Kann ich Ihnen helfen?‹ Da hat

---

[14] Antonio Spadaro SJ in: *Christ & Welt* 25 / 2015, S. 4.

61

Bergoglio einen Moment nachgedacht, und dann hat er das kleine Lämmchen genommen, ihm in die Hand gedrückt und gesagt: ›Kümmer dich darum!‹ ›Und wie macht man das?‹, hat der gefragt. ›Geh in die Krankenstation und lass dir da ein bisschen Milch aufwärmen und gib es ihm mit einem Fläschchen.‹ So hat dieser Student also fünf Monate lang das Lämmchen in seinem Zimmer gehabt – der roch dann tatsächlich nach Schaf! Und das Lämmchen folgte ihm durchs ganze Haus, auch in die Kirche und in die Hörsäle. Bergoglio hat ihm gesagt: ›Ich habe dich geprüft. Du hast etwas gelernt: Wenn du es hütest, dann folgt dir das Schaf überall hin. So macht man das!‹«

Wie heikel der Anspruch der Barmherzigkeit heute wirken kann, wenn ein Papst ihn innerkirchlich erhebt, zeigen einige der folgenden Texte. Sein Ausruf vor Journalisten »Wenn einer Gay ist und den Herrn sucht und guten Willen hat – wer bin dann ich, ihn zu verurteilen?« sorgte für weltweite Schlagzeilen. Sie finden ihn hier in seinem Zusammenhang, und da wird deutlich, dass sich Franziskus an dieser Stelle ausdrücklich auch auf den Katechismus bezieht. Er ändert also keineswegs die kirchliche Lehre, aber er verschiebt die Gewichte.

Im Interview mit Jesuitenzeitschriften, aus dem wir schon zitiert haben, führt der Papst eindringlich aus, worum es ihm bei diesem Verschieben der Gewichte geht: Die Kirche sollte – gerade in moralischen Fragen – ihre Kernbotschaft von der Barmherzigkeit wieder stärker hörbar machen. Und in einer langen Stegreif-Ansprache an Priester seines Bistums Rom buchstabiert Franziskus das Thema schließlich vor allem mit Blick auf die Beichte durch. Dabei wird auch deutlich, dass Barmherzigkeit nicht einfach mit Nachsichtigkeit gleichzusetzen ist. In einem

4 – Die Kirche, ein »Feldlazarett«

Auszug aus seiner Rede vor der römischen Bischofssynode ist so-
gar von einer »falschen Barmherzigkeit« die Rede, wo Wunden
schon verbunden würden, bevor man sie überhaupt behandelt
habe. Diese Zitate zeigen deutlich, dass man es sich zu einfach
macht, wenn man Franziskus' Barmherzigkeits-Begriff auf ein
Laisser-faire reduziert.

All die bisher genannten Texte sind Stegreif-Äußerungen des
Papstes, und es ist wohl kein Zufall, dass es so viele davon gibt
in diesem Kapitel. Hier geht es nämlich um eine Grundüberzeu-
gung dieses argentinischen Pontifex, auf die er immer wieder zu
sprechen kommt.

Aus einer improvisierten Pressekonferenz

FRAGE EINES JOURNALISTEN: *»Heiliger Vater, auch auf die-*
ser Reise (nach Brasilien, Anm. d. Hrsg.) haben Sie mehrmals
von Barmherzigkeit gesprochen. Besteht die Möglichkeit, dass
sich für wiederverheiratete Geschiedene in Bezug auf die Zulas-
sung zu den Sakramenten in der Disziplin der Kirche etwas än-
dert? Dass diese Sakramente eine Gelegenheit sind, diese Men-
schen in die Nähe zu holen, anstatt eine Barriere, die sie von den
anderen Gläubigen trennt?«

»Das ist ein Thema, nach dem immer gefragt wird. Die Barmherzigkeit ist größer als jener Fall, den Sie vorstellen. Ich glaube,
dass dies die Zeit der Barmherzigkeit ist. Dieser Epochenwechsel,
auch viele Probleme der Kirche – wie ein ungutes Zeugnis einiger Priester, Korruption in der Kirche, Klerikalismus, um nur
einige Beispiele zu nennen – haben viele Verwundete hinterlassen, viele Verwundete. Und die Kirche ist Mutter: Sie muss hin-

gehen und die Verwundeten pflegen, mit Barmherzigkeit. Wenn aber der Herr nicht müde wird zu verzeihen, haben wir keine andere Wahl als diese: vor allem die Verwundeten zu pflegen. Sie ist Mutter, die Kirche, und sie muss diesen Weg der Barmherzigkeit gehen und eine Barmherzigkeit für alle finden. Ich denke, als der ›verlorene Sohn‹ nach Hause kam, hat der Vater nicht zu ihm gesagt: ›Aber du, hör mal, komm herein: Was hast du denn mit dem Geld gemacht?‹ Nein! Er hat ein Fest gefeiert! Später, vielleicht, als der Sohn sprechen wollte, hat er gesprochen. So muss es die Kirche machen. Wenn da einer ist … nicht nur auf ihn warten: hingehen und ihn aufsuchen! Das ist die Barmherzigkeit! Und ich glaube, dass dies ein *Kairós* ist: Diese Zeit ist ein *Kairós* der Barmherzigkeit.« In diesem Zusammenhang erinnerte der Heilige Vater an den Impuls, den Johannes Paul II. der Kirche gegeben hat durch die Betonung der Göttlichen Barmherzigkeit – ein Impuls, den er selbst aus der Spiritualität der Schwester Faustyna Kowalska empfangen hatte.

In Bezug auf das Problem der Kommunion für Personen in zweiter Verbindung – denn Geschiedene können die Kommunion empfangen, da gibt es kein Problem, wenn sie aber in zweiter Verbindung leben, können sie das nicht – glaube ich, dass es nötig ist, dies in der Gesamtheit der Ehe-Pastoral zu sehen … Eines der Themen … ist die Frage, wie es in der Ehe-Pastoral weitergehen soll, und dieses Problem wird dort zur Sprache kommen … Wir sind unterwegs zu einer etwas vertieften Ehe-Pastoral … Und auch das rechtliche Problem der Nichtigkeits-Erklärung der Ehen muss überprüft werden, denn die kirchlichen Gerichte reichen dafür nicht aus. Es ist komplex, das Problem der Ehe-Pastoral …«

[JOURNALISTIN:] »Ich möchte um Erlaubnis bitten, eine etwas heikle Frage zu stellen: Noch ein anderes Bild ist gewissermaßen um die Welt gegangen, und zwar das von Mons. Ricca mit den Nachrichten über seinen Umgang. Ich möchte wissen, Heiligkeit, was Sie in dieser Frage zu tun gedenken. Wie ist diese Frage anzugehen, und wie gedenkt Seine Heiligkeit, die ganze Frage der Gay-Lobby anzugehen?«

»Was Mons. Ricca betrifft: Ich habe getan, was das Kanonische Recht zu tun vorschreibt, nämlich die *Investigatio previa* durchgeführt. Und aus dieser *Investigatio* geht nichts von dem hervor, was ihm vorgeworfen wird; wir haben nichts dergleichen gefunden. Aber ich möchte dazu noch etwas anderes sagen: Ich sehe, dass man häufig in der Kirche – außerhalb dieses Falles und auch in diesem Fall – zum Beispiel nach ›Jugendsünden‹ sucht und das dann veröffentlicht. Nicht nach Straftaten, die Straftaten sind eine andere Sache – der Missbrauch von Minderjährigen ist eine Straftat. Nein, nach Sünden. Aber wenn ein Mensch – Laie, Priester oder Schwester – eine Sünde begangen und sich dann bekehrt hat, vergibt sie der Herr, und wenn der Herr vergibt, dann vergisst er, und das ist für unser Leben wichtig. Wenn wir zum Beichten gehen und wirklich sagen: ›Darin habe ich gesündigt‹, dann vergisst der Herr, und wir haben nicht das Recht, nicht zu vergessen, denn dann laufen wir Gefahr, dass der Herr seinerseits unsere [Sünden] nicht vergisst. Das ist eine Gefahr. Dies ist wichtig: eine Theologie der Sünde. Oftmals denke ich an den heiligen Petrus: Er hat eine der schlimmsten Sünden begangen, nämlich Christus zu verleugnen, und mit dieser Sünde haben sie ihn zum Papst gemacht. Darüber müssen wir sehr nachdenken. Doch, um zu Ihrer konkreteren Frage zurückzukehren:

In diesem Fall haben wir die *Investigatio previa* durchgeführt, und wir haben nichts gefunden. So viel zur ersten Frage.

Dann sprachen Sie von der *Gay*-Lobby. Ach, es wird so viel über die *Gay*-Lobby geschrieben … Ich glaube, wenn jemand sich einem solchen Menschen gegenübersieht, muss er das Faktum, »*Gay*« zu sein, von dem Faktum unterscheiden, daraus eine Lobby zu machen. Denn die Lobbies – alle Lobbies – sind nicht gut … Wenn einer *Gay* ist und den Herrn sucht und guten Willen hat – wer bin dann ich, ihn zu verurteilen? Der *Katechismus der Katholischen Kirche* erklärt das sehr schön, aber er sagt: Halt! Diese Menschen dürfen nicht an den Rand gedrängt werden, sie müssen in die Gesellschaft integriert werden. Das Problem liegt nicht darin, diese Tendenz zu haben, nein, wir müssen Brüder und Schwestern sein, denn das ist nur ein Problem von vielen. Das eigentliche Problem ist, wenn man aus dieser Tendenz eine Lobby macht: Lobby der Geizhälse, Lobby der Politiker, Lobby der Freimaurer – so viele Lobbies. Das ist für mich das schwerwiegendere Problem. Und ich danke Ihnen sehr, dass Sie diese Frage gestellt haben.«

(Pressekonferenz auf dem Rückflug vom
Weltjugendtag von Rio, 28.7.2013)

Man muss ganz unten anfangen

Ich sehe ganz klar, dass das, was die Kirche heute braucht, die Fähigkeit ist, Wunden zu heilen und die Herzen der Menschen zu wärmen – Nähe und Verbundenheit. Ich sehe die Kirche wie ein Feldlazarett nach einer Schlacht. Man muss einen Schwerverwundeten nicht nach Cholesterin oder nach hohem Zucker fragen. Man muss die Wunden heilen. Dann können wir von allem anderen sprechen. Die Wunden heilen, die Wunden heilen … Man muss ganz unten anfangen.

Die Kirche hat sich manchmal in kleine Dinge einschließen lassen, in kleine Vorschriften. Die wichtigste Sache ist aber die erste Botschaft: »Jesus Christus hat dich gerettet.« Die Diener der Kirche müssen vor allem Diener der Barmherzigkeit sein. Der Beichtvater – zum Beispiel – ist immer in Gefahr, zu streng oder zu lax zu sein. Keiner von beiden ist barmherzig, denn keiner nimmt sich wirklich des Menschen an. Der Rigorist wäscht sich die Hände, denn er beschränkt sich auf das Gebot. Der Laxe wäscht sich die Hände, indem er einfach sagt: »Das ist keine Sünde« – oder so ähnlich. Die Menschen müssen begleitet werden, die Wunden geheilt.

Wie behandeln wir das Volk Gottes? Ich träume von einer Kirche als Mutter und als Hirtin. Die Diener der Kirche müssen barmherzig sein, sich der Menschen annehmen, sie begleiten – wie der gute Samariter, der seinen Nächsten wäscht, reinigt, aufhebt. Das ist pures Evangelium. Gott ist größer als die Sünde. Die organisatorischen und strukturellen Reformen sind sekundär, sie kommen danach. Die erste Reform muss die der Einstellung sein. Die Diener des Evangeliums müssen in der Lage sein, die Herzen der Menschen zu erwärmen, in der Nacht mit ihnen zu gehen. Sie müssen ein Gespräch führen und in die Nacht hinabsteigen können, in ihr Dunkel, ohne sich zu verlieren. Das Volk Gottes will Hirten und nicht Funktionäre oder Staatskleriker. Die Bischöfe speziell müssen Menschen sein, die geduldig die Schritte Gottes mit seinem Volk unterstützen können, so dass niemand zurückbleibt. Sie müssen die Herde auch begleiten können, die weiß, wie man neue Wege geht.

Statt nur eine Kirche zu sein, die mit offenen Türen aufnimmt und empfängt, versuchen wir, eine Kirche zu sein, die neue Wege findet, die fähig ist, aus sich heraus- und zu denen zu gehen, die nicht zu ihr kommen, die ganz weggegangen oder die gleichgültig sind. Die Gründe, die jemanden dazu gebracht haben, von der Kirche wegzugehen – wenn man sie gut versteht und wertet –, können auch zur Rückkehr führen. Es braucht Mut und Kühnheit.

[ANTONIO SPADARO:] Ich fasse zusammen, was der Papst sagt, und beziehe mich dann auf das Faktum, dass es Christen gibt, die in kirchlich nicht geregelten oder komplexen Situationen leben, Christen, die in einer oder anderer Weise offene Wunden haben. Ich denke an wiederverheiratete Geschiedene, homosexuelle Paare, andere schwierige Situationen. Wie kann man in solchen Fällen eine missionarische Seelsorge pflegen? Was betonen? Der Papst zeigt, dass er mich verstanden hat, und antwortet:

Wir müssen das Evangelium auf allen Straßen verkünden, die frohe Botschaft vom Reich Gottes verkünden und – auch mit unserer Verkündigung – jede Form von Krankheit und Wunde pflegen. In Buenos Aires habe ich Briefe von homosexuellen Personen erhalten, die »sozial verwundet« sind, denn sie fühlten sich immer von der Kirche verurteilt. Aber das will die Kirche nicht. Auf dem Rückflug von Rio de Janeiro habe ich gesagt, wenn eine homosexuelle Person guten Willen hat und Gott sucht, dann bin ich keiner, der sie verurteilt. Damit habe ich das gesagt, was der Katechismus sagt. Die Religion hat das Recht, die eigene Überzeugung im Dienst am Menschen auszudrücken, aber Gott hat uns in der Schöpfung frei gemacht: Es darf keine spirituelle Einmischung in das persönliche Leben geben. Einmal hat mich jemand provozierend gefragt, ob ich Homosexualität billige. Ich habe ihm mit einer anderen Frage geantwortet: »Sag mir: Wenn Gott eine homosexuelle Person sieht, schaut er diese Existenz mit Liebe an oder verurteilt er sie und weist sie zurück?« Man muss immer die Person anschauen. Wir treten hier in das Geheimnis der Person ein. Gott begleitet die Menschen durch das Leben und wir müssen sie begleiten und ausgehen von ihrer Situation. Wir müssen sie mit Barmherzigkeit begleiten. Wenn das geschieht, gibt der Heilige Geist dem Priester ein, das Richtige zu sagen.

Das ist auch die Größe der Beichte: jeden Fall für sich zu bewerten, unterscheiden zu können, was das Richtige für einen Menschen ist, der Gott und seine Gnade sucht. Der Beichtstuhl ist kein Folterinstrument, sondern Ort der Barmherzigkeit, an dem der Herr uns anregt, das Bestmögliche zu tun. Ich denke auch an die Situation einer Frau, deren Ehe gescheitert ist, in der sie auch abgetrieben hat. Jetzt ist sie wieder verheiratet, ist zufrieden und hat fünf Kinder. Die Abtreibung belastet sie und sie bereut wirklich. Sie will als Christin weitergehen. Was macht der Beichtvater?

Wir können uns nicht nur mit der Frage um die Abtreibung befassen, mit homosexuellen Ehen, mit Verhütungsmethoden. Das geht nicht. Ich habe nicht viel über diese Sachen gesprochen. Das wurde mir vorgeworfen. Aber wenn man davon spricht, muss man den Kontext beachten. Im Übrigen kennt man ja die Ansichten der Kirche, und ich bin ein Sohn der Kirche. Aber man muss nicht endlos davon sprechen.

Die Lehren der Kirche – dogmatische wie moralische – sind nicht alle gleichwertig. Eine missionarische Seelsorge ist nicht davon besessen, ohne Unterscheidung eine Menge von Lehren aufzudrängen. Eine missionarische Verkündigung konzentriert sich auf das Wesentliche, auf das Nötige. Das ist auch das, was am meisten anzieht, was das Herz glühen lässt – wie bei den Jüngern von Emmaus. Wir müssen also ein neues Gleichgewicht finden, sonst fällt auch das moralische Gebäude der Kirche wie ein Kartenhaus zusammen, droht, seine Frische und den Geschmack des Evangeliums zu verlieren. Die Verkündigung des Evangeliums muss einfacher sein, tief und ausstrahlend. Aus dieser Verkündigung fließen dann die moralischen Folgen.

Wenn ich das sage, denke ich auch an unsere Predigt und die Inhalte der Predigten. Eine schöne Predigt, eine echte Predigt muss beginnen mit der ersten Verkündigung, mit der Botschaft des Heils. Es gibt nichts Solideres, Tieferes, Festeres als diese Verkündigung. Dann muss eine Katechese kommen. Dann kann auch eine moralische Folgerung gezogen werden. Aber die Verkündigung der heilbringenden Liebe Gottes muss der moralischen und religiösen Verpflichtung vorausgehen. Heute scheint oft die umgekehrte Ordnung vorzuherrschen. Die Homilie ist der Maßstab, um Nähe und Fähigkeit der Begegnung zwischen Seelsorger und Volk zu messen. Wer predigt, muss das Herz seiner Gemeinschaft kennen, um zu sehen, wo die Frage nach Gott lebendig und heiß ist. Die evangelische Botschaft darf nicht auf einige Aspekte verkürzt werden. Auch wenn diese wichtig sind, können sie nicht allein das Zentrum der Lehre Jesu zeigen.

(Interview mit Jesuitenzeitschriften, veröffentlicht am 19.9.2013).

Sag mir: Weinst du um dein Volk?

Als ich zusammen mit dem Kardinalvikar über diese Begegnung *(mit römischen Priestern, Anm. d. Hrsg.)* nachgedacht habe, habe ich ihm gesagt, dass ich für euch eine Betrachtung zum Thema der Barmherzigkeit halten könnte ... Wir alle brauchen sie. Und auch die Gläubigen, denn als Hirten müssen wir sehr viel Barmherzigkeit schenken, sehr viel!

Der Abschnitt aus dem *Evangelium nach Matthäus,* den wir gehört haben, lässt uns den Blick auf Jesus richten, der durch die Städte und Dörfer zieht. Und das ist sonderbar. An welchem Ort war Jesus am häufigsten, wo konnte man ihn am einfachsten finden? Auf den Straßen. Er hätte ein Obdachloser sein können, weil er immer auf der Straße war. Das Leben Jesu fand auf der Straße statt. Vor allem lädt es uns ein, die Tiefe seines Herzens zu erfassen – das, was er für die Menge der Menschen empfindet, für die Menschen, denen er begegnet: die innere Haltung des »Mitleids«. Als er die vielen Menschen sah, hatte er Mitleid mit ihnen. Denn er sieht die Menschen »müde und erschöpft wie Schafe, die keinen Hirten haben«. Wir haben diese Worte so oft gehört, dass sie vielleicht keinen starken Eindruck machen. Aber sie sind stark! In etwa so wie die vielen Menschen, denen ihr heute auf den Straßen eurer Stadtteile begegnet ... Dann erweitert sich der Horizont, und wir sehen, dass diese Städte und diese Dörfer nicht nur Rom und Italien sind, sondern die Welt ... und dass diese vielen erschöpften Menschen die Völker vieler Länder sind, die unter noch schwierigeren Situationen leiden ...

Dann verstehen wir, dass wir nicht hier sind, um ... eine schöne geistliche Einkehr zu halten, sondern um die Stimme des Heiligen Geistes zu hören, der zur ganzen Kirche spricht in dieser unserer Zeit, die gerade die Zeit der Barmherzigkeit ist. Dessen bin ich mir sicher ... wir leben in der Zeit der Barmherzigkeit, seit 30 Jahren oder mehr, bis jetzt.

In der ganzen Kirche ist die Zeit der Barmherzigkeit

1. Dies war eine Eingebung des seligen Johannes Paul II. Er hatte den »Spürsinn« dafür, dass dies die Zeit der Barmherzigkeit ist. Denken wir an die Selig- und Heiligsprechung von Schwester Faustyna Kowalska; dann hat er das Fest der Göttlichen Barmherzigkeit eingeführt. Ganz langsam hat er sich vorangetastet, ist er in diese Richtung vorangegangen.

In der Predigt zur Heiligsprechung, die im Jahr 2000 stattfand, hob Johannes Paul II. hervor, dass die Botschaft Jesu Christi an Schwester Faustyna zeitlich zwischen den beiden Weltkriegen liegt und sie eng mit der Geschichte des 20. Jahrhunderts verbunden ist. Und im Hinblick auf die Zukunft sagte er: »Was werden die vor uns liegenden Jahre mit sich bringen? Wie wird die Zukunft des Menschen hier auf Erden aussehen? Dies zu wissen ist uns nicht gegeben. Dennoch ist gewiss, dass neben neuen Fortschritten auch schmerzliche Erfahrungen nicht ausbleiben werden. Doch das Licht der göttlichen Barmherzigkeit, das der Herr durch das Charisma von Schwester Faustyna der Welt gleichsam zurückgeben wollte, wird den Weg der Menschen des dritten Jahrtausends erhellen.« Das ist klar. Hier sagt er es ausdrücklich, im Jahr 2000, aber in seinem Herzen reifte es schon lange heran. In seinem Gebet hatte er diese Eingebung.

Heute vergessen wir alles zu schnell, auch das Lehramt der Kirche! Zum Teil ist es unvermeidlich, aber die großen Inhalte, die großen Eingebungen und Weisungen, die dem Volk Gottes hinterlassen sind, dürfen wir nicht vergessen. Und die der göttlichen Barmherzigkeit ist eine von ihnen. Es ist eine Hinterlassenschaft, die er uns gegeben hat, die jedoch von oben kommt. Es ist unsere Aufgabe als Diener der Kirche, diese Botschaft lebendig zu erhalten, vor allem in der Verkündigung und in den

Gesten, in den Zeichen, in den pastoralen Entscheidungen, zum Beispiel in der Entscheidung, dem Sakrament der Versöhnung und gleichzeitig den Werken der Barmherzigkeit wieder Priorität zu geben. Versöhnen, Frieden schließen durch das Sakrament und auch mit den Worten und Werken der Barmherzigkeit.

Was bedeutet Barmherzigkeit für die Priester?

2. Mir kommt in den Sinn, dass einige von euch mich angerufen haben – sie haben einen Brief geschrieben, dann habe ich am Telefon gesprochen ... »Aber Vater, warum sind Sie unzufrieden mit den Priestern?« Denn sie sagten, dass ich die Priester zurechtweise! Ich will hier nicht zurechtweisen ... Wir wollen uns fragen, was Barmherzigkeit für einen Priester – gestattet mir zu sagen: für uns Priester – bedeutet. Für uns, für uns alle! Die Priester haben Mitleid mit den Schafen, wie Jesus, als er die Menschen müde und erschöpft sah, wie Schafe, die keinen Hirten haben. Jesus hat das »Innere« [griech. »die Eingeweide«] Gottes. Jesaja erwähnt das oft: Er ist voll Zärtlichkeit zu den Menschen, besonders zu den Ausgegrenzten, also den Sündern, den Kranken, um die niemand sich kümmert ... So ist der Priester als Abbild des guten Hirten, ein Mann der Barmherzigkeit und des Mitleids, den Menschen nahe und Diener aller. Das ist ein pastorales Kriterium, dass ich sehr hervorheben möchte: die Nähe. Das Nahesein und das Dienen – besonders das Nahesein, die Nähe! ... Wer in seinem Leben auf irgendeine Weise verwundet ist, kann bei ihm Aufmerksamkeit und Zuhören finden ... Insbesondere durch die Spendung des Sakraments der Versöhnung zeigt der Priester ein herzliches Erbarmen; er zeigt es in seiner

ganzen Haltung, in seiner Art anzunehmen, zuzuhören, Rat zu geben, loszusprechen ...

Das hängt jedoch davon ab, wie er selbst das Sakrament persönlich lebt, wie er sich in der Beichte von Gott, dem Vater, umarmen lässt und in dieser Umarmung bleibt ... Wenn jemand das an sich selbst, im eigenen Herzen lebt, kann er es im Dienst auch den anderen schenken. Und ich stelle euch die Frage: Wie beichte ich? Lasse ich mich umarmen? Mir kommt ein großer Priester aus Buenos Aires in den Sinn. Er ist jünger als ich, er müsste 72 sein ... Einmal kam er zu mir. Er ist ein großer Beichtvater: Die Menschen stehen dort bei ihm immer Schlange ... Die Priester, die meisten von ihnen, gehen bei ihm zur Beichte ... Er ist ein großer Beichtvater. Und einmal kam er zu mir: »Vater ...« »Sprich nur.« »Ich habe etwas Skrupel, weil ich weiß, dass ich zu viel vergebe«; »Bete ... wenn du zu viel vergibst.« Und wir haben über die Barmherzigkeit gesprochen. An einem bestimmten Punkt sagte er zu mir: »Weißt du, wenn ich diesen Skrupel stark verspüre, dann gehe ich in die Kapelle vor den Tabernakel und sage zu Ihm: Verzeih mir, du bist schuld, weil du mir das schlechte Beispiel gegeben hast! Und ich gehe beruhigt weg ...« Das ist ein schönes Gebet der Barmherzigkeit! Wenn jemand in der Beichte dies an sich selbst erlebt, im eigenen Herzen, dann kann er es auch den anderen schenken.

Der Priester ist berufen, das zu lernen, ein mitleidiges Herz zu haben. Die – ich erlaube mir das Wort – »aseptischen« Priester, die Priester »wie im Labor«, wo alles sauber, alles schön ist, helfen der Kirche nicht. Wir können uns die Kirche heute wie ein »Feldlazarett« vorstellen. Verzeiht mir, das wiederhole ich, weil ich es so sehe, so empfinde: ein »Feldlazarett«. Die Wunden müssen behandelt werden, viele Wunden! Viele Wunden! Es gibt so viele verwundete Menschen – von den materiellen Problemen, von den Skandalen, auch in der Kirche … Menschen, die verwundet sind durch die Täuschungen der Welt … Wir Priester müssen da sein, nahe bei diesen Menschen. Barmherzigkeit bedeutet vor allem, die Wunden zu behandeln. Wenn jemand verwundet ist, dann braucht er das sofort, keine Laboruntersuchungen wie Cholesterin- oder Blutzuckerwerte …

Sondern die Wunde ist da, behandle die Wunde, und dann schauen wir nach den Laboruntersuchungen. Dann werden fachärztliche Behandlungen gemacht, aber zuerst müssen die offenen Wunden behandelt werden. Das ist für mich in diesem Augenblick wichtiger. Und es gibt auch verborgene Wunden, denn es gibt Menschen, die sich entfernen, um die Wunden nicht zu zeigen … Ich denke gerade an die Gepflogenheit, aufgrund des mosaischen Gesetzes, in Bezug auf die Aussätzigen zur Zeit Jesu, die immer entfernt wurden, damit sie niemanden ansteckten … Es gibt Menschen, die sich aus Scham entfernen, aus Scham, die Wunden zu zeigen … Und sie entfernen sich vielleicht mit etwas gerümpfter Nase, gegen die Kirche, aber im Grunde sind sie im Inneren verwundet … Sie wollen eine zärtliche Geste! Und ihr, liebe Mitbrüder – ich frage euch –, kennt ihr die Wunden eurer Gemeindeglieder? Spürt ihr sie? Seid ihr ihnen nahe? Das ist die einzige Frage …

Weder Nachsichtigkeit noch große Strenge

3. Kehren wir zurück zum Sakrament der Versöhnung. Es passiert uns Priestern oft, dass unsere Gläubigen uns von ihrer Erfahrung berichten, in der Beichte einem sehr »strengen« oder sehr »nachsichtigen« Priester begegnet zu sein, einem Rigoristen oder einem Anhänger des Laxismus.

Und das ist nicht gut. Dass es unter den Beichtvätern Unterschiede im Stil gibt, ist normal, aber diese Unterschiede dürfen nicht die Substanz betreffen, also die gesunde Sittenlehre und die Barmherzigkeit. Weder der Anhänger des Laxismus noch der Rigorist legt Zeugnis ab von Jesus Christus, denn weder der eine noch der andere nimmt sich der Person an, der er begegnet.

Der Rigorist zieht sich aus der Affäre; denn er fesselt die Person an das kalt und streng aufgefasste Gesetz. Auch der Anhänger des Laxismus zieht sich aus der Affäre: Er ist nur scheinbar barmherzig, aber in Wirklichkeit nimmt er das Problem jenes Gewissens nicht ernst, indem er die Sünde herunterspielt. Die wahre Barmherzigkeit nimmt sich der Person an, hört ihr aufmerksam zu, nähert sich der Situation mit Respekt und mit Wahrheit und begleitet sie auf dem Weg der Versöhnung.

Und das ist mühsam, ja, gewiss. Der wirklich barmherzige Priester verhält sich wie der barmherzige Samariter ... aber warum tut er es? Weil sein Herz zum Mitleid fähig ist, es ist das Herz Christi! Wir wissen gut, dass weder der Laxismus noch der Rigorismus die Heiligkeit wachsen lassen. Vielleicht sind einige Rigoristen dem Anschein nach heilig, heilig ... Aber denkt an Pelagius und dann reden wir darüber ... Der Laxismus und der Rigorismus heiligen den Priester nicht und heiligen den Gläubigen nicht! Die Barmherzigkeit dagegen begleitet den Weg der Heiligkeit, begleitet sie und lässt sie wachsen ...

Zu viel Arbeit für einen Pfarrer? Das ist wahr, zu viel Arbeit! Und auf welche Weise begleitet er den Weg der Heiligkeit und lässt ihn wachsen? Durch das pastorale Leiden, das eine Form der Barmherzigkeit ist. Was bedeutet pastorales Leiden? Es bedeutet, für die Menschen und mit den Menschen zu leiden. Und das ist nicht leicht! Leiden wie ein Vater und eine Mutter für ihre Kinder leiden; ich erlaube mir zu sagen, auch mit großer Sorge ...

Um das zu erläutern, stelle ich auch euch einige Fragen, die mir helfen, wenn ein Priester zu mir kommt. Sie helfen mir auch, wenn ich allein vor dem Herrn stehe!

Sag mir: Weinst du? Oder haben wir die Tränen verloren? Ich erinnere mich, dass es in den alten Messbüchern, in denen einer anderen Zeit, ein wunderschönes Gebet gibt, zur Bitte um die Gabe der Tränen. Das Gebet begann so: »Herr, du hast Mose geboten, auf den Fels zu schlagen, damit Wasser hervorquelle, schlag auf den Fels meines Herzens, damit die Tränen …« So in etwa lautete das Gebet. Es war wunderschön. Aber wie viele von uns weinen angesichts des Leidens eines Kindes, angesichts der Zerstörung einer Familie, angesichts so vieler Menschen, die den Weg nicht finden? … Das Weinen des Priesters … Weinst du? Oder haben wir in diesem Presbyterium die Tränen verloren? Weinst du um dein Volk? Sag mir, hältst du Fürbitte vor dem Tabernakel?

Ringst du mit dem Herrn um dein Volk, wie Abraham gerungen hat: »Und wenn es weniger wären? Und wenn es 25 wären? Und wenn es 20 wären? …« (vgl. *Gen* 18,22–33). Diese mutige Fürbitte … Wir sprechen von »parrhesia«, von apostolischem Mut, und denken an die Pastoralpläne. Das ist gut, aber dieselbe »parrhesia« ist auch im Gebet notwendig. Ringst du mit dem Herrn? Diskutierst du mit dem Herrn, wie Mose es getan hat? Als der Herr seines Volkes überdrüssig, müde war und zu ihm sagte: »Bleib ganz ruhig … ich werde alle vernichten, und ich werde dich zum Anführer eines anderen Volkes machen.« »Nein, nein! Wenn du das Volk vernichtest, vernichte auch mich!« Die standen ihren Mann!

Und ich stelle die Frage: Sind wir Manns genug, um mit Gott um unser Volk zu ringen?

Eine weitere Frage, die ich stelle: Am Abend, wie beendest du deinen Tag? Mit dem Herrn oder vor dem Fernseher?

Wie ist deine Beziehung zu denen, die uns helfen, barmherziger zu sein? Also wie ist deine Beziehung zu den Kindern, zu den alten Menschen, zu den Kranken? Kannst du sie liebkosen, oder schämst du dich, einen alten Menschen zu liebkosen?

Schäme dich des Fleisches deines Bruders nicht. Am Ende werden wir danach beurteilt werden, wie wir uns »allem Fleisch« genähert haben – das ist Jesaja. Schäme dich des Fleisches deines Bruders nicht. »Uns als der Nächste erweisen«: das Nahesein, die Nähe, uns dem Fleisch des Bruders als Nächster erweisen. Der Priester und der Levit, die vor dem barmherzigen Samariter kamen, konnten sich dem von den Räubern misshandelten Menschen nicht nähern. Ihr Herz war verschlossen.

Vielleicht hat der Priester auf die Uhr geschaut und gesagt: »Ich muss zur Messe, ich darf nicht zu spät zur Messe kommen«, und ist weggegangen. Rechtfertigungen! Wie oft gebrauchen wir Rechtfertigungen, um das Problem, die Person zu umgehen. Der andere, der Levit oder Schriftgelehrte, der Anwalt, sagte: »Nein, ich kann nicht, denn wenn ich das tue, muss ich morgen als Zeuge auftreten, ich werde Zeit verlieren ...« Diese Ausreden! ... Ihr Herz war verschlossen. Aber das verschlossene Herz rechtfertigt sich immer für das, was es nicht tut. Der Samariter dagegen öffnet sein Herz, er lässt sich im Innersten bewegen, und diese innerliche Bewegung wird zum praktischen Handeln, zum konkreten und wirksamen Eingreifen, um jenem Menschen zu helfen. Am Ende der Zeiten wird nur der das verherrlichte Fleisch Christi schauen können, der sich des Fleisches seines verwundeten und ausgegrenzten Bruders nicht geschämt hat. Ich bekenne euch, manchmal tut es mir gut, die Aufstellung zu lesen, nach der über mich geurteilt werden wird. Es tut mir gut: Es steht in *Matthäus* 25.

Diese Dinge sind mir in den Sinn gekommen, um sie mit euch zu teilen. Sie sind schlicht und einfach, so wie sie gekommen sind ... In Buenos Aires – ich spreche von einem anderen Priester – gab es einen berühmten Beichtvater: Dieser war ein Eucharistiner. Fast der ganze Klerus beichtete bei ihm. Als Johannes Paul II. – bei einem seiner beiden Besuche – in der Nuntiatur um einen Beichtvater bat, ist er hingegangen. Er war alt, sehr alt ... Er war Provinzial in seinem Orden, Professor ... aber immer Beichtvater, immer. Und immer standen die Menschen dort Schlange, in der Kirche vom Heiligsten Sakrament. Damals war ich Generalvikar und wohnte in der Kurie, und jeden Morgen ging ich in der Frühe hinunter zum Faxgerät, um zu sehen, ob dort etwas lag. Und am Ostermorgen las ich ein Fax vom Oberen der Gemeinschaft: »Gestern, eine halbe Stunde vor der Ostervigil, ist Pater Aristi verstorben, mit 94 – oder 96? – Jahren. Die Beerdigung wird an dem und dem Tag stattfinden ...« Und am Ostermorgen ging ich zum Mittagessen bei den Priestern im Altersruhesitz – das tat ich gewöhnlich an Ostern. Und dann sagte ich zu mir: Nach dem Mittagessen gehe ich in die Kirche. Es war eine große, eine sehr große Kirche, mit einer wunderschönen Krypta. Ich bin in die Krypta hinabgestiegen, und dort stand der Sarg. Nur zwei alte Frauen waren dort und beteten, aber keine Blumen. Ich dachte: Dieser Mann, der dem ganzen Klerus von Buenos Aires die Sünden vergeben hat, auch mir, hat nicht einmal eine Blume ... Ich bin hinaufgestiegen und zu einem Blumenstand gegangen – denn in Buenos Aires gibt es an den Straßenecken Blumenstände, an den Straßen, wo Menschen sind – und habe Blumen gekauft, Rosen ... Und ich bin zurückgegangen und habe begonnen, den Sarg schön herzurichten, mit

Blumen ... Dann habe ich den Rosenkranz angeschaut, den er in der Hand hatte ...

Und plötzlich ist mir etwas in den Sinn gekommen – dieser Dieb, der in uns allen steckt, nicht wahr? –, und während ich die Blumen herrichtete, habe ich das Kreuz des Rosenkranzes genommen und es mit etwas Kraftaufwand abgerissen. Und in dem Augenblick habe ich ihn angeschaut und gesagt: »Gib mir die Hälfte deiner Barmherzigkeit.« Ich habe etwas Starkes gespürt, das mir den Mut gegeben hat, das zu tun und dieses Gebet zu sprechen! Und dann habe ich das Kreuz hier in die Tasche gesteckt. Die Gewänder des Papstes haben keine Taschen, aber ich trage hier immer eine kleine Stofftasche, und von jenem Tag an bis heute ist dieses Kreuz bei mir. Und wenn mir ein schlechter Gedanke über einen Menschen kommt, dann geht meine Hand immer dahin. Und ich spüre die Gnade! Ich spüre, dass es mir guttut. Wie gut tut das Vorbild eines barmherzigen Priesters, eines Priesters, der sich den Wunden nähert ...

(Begegnung mit Priestern, 6.3.2014)

Die Beichte ist kein Strafgerichtshof

Ich danke euch für diesen wertvollen Dienst (als Beichtväter, *Anm. d. Hrsg.*), und ich ermutige euch, ihn mit erneuertem Einsatz fortzusetzen, indem ihr euch die erworbene Erfahrung zunutze macht und mit weiser Kreativität, um der Kirche und den Beichtvätern immer besser zu helfen, den Dienst der Barmherzigkeit durchzuführen, der so wichtig ist!

In diesem Zusammenhang möchte ich euch einige Reflexionen anbieten. Zunächst einmal ist die Hauptperson des Dienstes der Versöhnung der Heilige Geist. Die Vergebung, die das

Sakrament vermittelt, ist das neue Leben, das vom auferstandenen Herrn durch seinen Geist weitergegeben wird: »Empfangt den Heiligen Geist! Wem ihr die Sünden vergebt, dem sind sie vergeben; wem ihr die Vergebung verweigert, dem ist sie verweigert« (*Joh* 20,22–23). Ihr seid daher aufgerufen, stets »Männer des Heiligen Geistes« zu sein, frohe und starke Zeugen und Verkündiger der Auferstehung des Herrn. Dieses Zeugnis liest man im Gesicht, hört man in der Stimme des Priesters, der das Sakrament der Versöhnung mit Glauben und mit »Salbung« spendet. Er empfängt die Pönitenten nicht mit der Haltung eines Richters und auch nicht mit der eines einfachen Freundes, sondern mit der Liebe Gottes, mit der Liebe eines Vaters, der den Sohn zurückkehren sieht und ihm entgegengeht, des Hirten, der das verlorene Schaf wiedergefunden hat. Das Herz des Priesters ist ein einfühlsames Herz, nicht aus Sentimentalität oder reiner Gefühlsbetontheit, sondern vom »aufrichtigen Erbarmen« [lat. »viscera misericordiae«] des Herrn her! Wenn es wahr ist, dass die Überlieferung uns für die Beichtväter auf die zweifache Rolle des Arztes und des Richters verweist, dann dürfen wir nie vergessen, dass er als Arzt berufen ist zu heilen und als Richter loszusprechen.

Zweiter Aspekt: Da die Versöhnung das neue Leben des Auferstandenen vermittelt und die Taufgnade erneuert, ist es eure Aufgabe, sie den Brüdern großherzig zu schenken. Diese Gnade schenken. Ein Priester, der diesen Teil seines Dienstes nicht pflegt – sowohl in der Menge an Zeit, die er ihm widmet, als auch in der geistlichen Qualität –, ist wie ein Hirte, der nicht für die verirrten Schafe Sorge trägt; er ist wie ein Vater, der den verlorenen Sohn vergisst und sich nicht um ihn kümmert. Aber die Barmherzigkeit ist das Herz des Evangeliums! Vergesst das nicht: Die Barmherzigkeit ist das Herz des Evangeliums! Sie ist die gute Nachricht, dass Gott uns liebt, dass er den sündigen Menschen immer liebt und ihn mit dieser Liebe anzieht und zur Umkehr einlädt. Vergessen wir nicht, dass die Gläubigen sich oft schwertun, das Sakrament zu empfangen, sowohl aus praktischen Gründen als auch aufgrund der natürlichen Schwierigkeit, einem anderen Menschen die eigenen Sünden zu bekennen. Aus diesem Grund ist es notwendig, viel an uns selbst, an unserer Menschlichkeit zu arbeiten, um nie ein Hindernis zu sein, sondern die Annäherung an die Barmherzigkeit und an die Vergebung stets zu unterstützen. Oft passiert es jedoch, dass jemand kommt und sagt: »Ich habe seit Jahren nicht gebeichtet, ich hatte dieses und jenes Problem, ich habe nicht mehr gebeichtet, weil ein Priester mir dieses und jenes gesagt hat.« Und man sieht in dem, was die Person berichtet, die Unbesonnenheit, den Mangel an pastoraler Liebe. Und sie bleiben fern aufgrund einer schlechten Erfahrung in der Beichte. Wenn diese Haltung des Vaters da ist, die aus der Güte Gottes kommt, wird das nie passieren.

Und man muss sich vor zwei entgegengesetzten Extremen hüten: dem Rigorismus und dem Laxismus. Keiner von beiden tut gut, denn in Wirklichkeit nehmen sie sich nicht der Person des Pönitenten an. Die Barmherzigkeit dagegen hört wirklich mit dem Herzen Gottes zu und will die Seele auf dem Weg der Versöhnung begleiten. Die Beichte ist kein Strafgerichtshof, sondern Erfahrung der Vergebung und der Barmherzigkeit! Schließlich kennen wir alle die Schwierigkeiten, denen die Beichte oft begegnet. Dafür gibt es viele Gründe, sowohl geschichtliche als auch geistliche. Dennoch wissen wir, dass der Herr der Kirche dieses unendlich große Geschenk gemacht hat und den Getauften die Gewissheit der Vergebung des Vaters schenken will. Das ist es: Sie ist die Gewissheit der Vergebung des Vaters. Daher ist es sehr wichtig, dass in allen Diözesen und Pfarrgemeinden die

Feier dieses Sakraments der Versöhnung und des Heils besonders gepflegt wird. Es ist gut, wenn in jeder Pfarrei die Gläubigen wissen, wann sie Priester finden können, die zur Verfügung
stehen: Wenn Treue vorhanden ist, sieht man die Früchte. Das
gilt insbesondere für die Kirchen, die den Ordensgemeinschaf-
ten anvertraut sind, wo eine ständige Anwesenheit von Beichtvätern gewährleistet werden kann.

(Ansprache, 28. 3. 2014)

Die Kirche lehrt uns die Werke der Barmherzigkeit

Mutter Kirche … lehrt uns die Werke der Barmherzigkeit. Ein
guter Erzieher zielt auf das Wesentliche. Er verliert sich nicht in
Einzelheiten, sondern will das weitergeben, was wirklich zählt,
damit sein Kind oder sein Schüler den Sinn und die Freude des
Lebens findet. Das ist die Wahrheit. Und dem Evangelium zu-
folge ist das Wesentliche die Barmherzigkeit. Das Wesentliche
des Evangeliums ist die Barmherzigkeit. Gott hat seinen Sohn
gesandt, Gott ist Mensch geworden, um uns zu retten, also um
uns seine Barmherzigkeit zu schenken. Das sagt Jesus ganz deutlich, wenn er seine Lehre für die Jünger zusammenfasst: »Seid
barmherzig, wie es auch euer Vater ist« (*Lk* 6,36). Kann es einen
Christen geben, der nicht barmherzig ist? Nein. Der Christ muss
unbedingt barmherzig sein, denn das ist das Herz des Evangeliums. Und dieser Lehre getreu muss die Kirche ihren Kindern
immer wieder sagen: »Seid barmherzig«, wie der Vater es ist, wie
Jesus es war. Barmherzigkeit.

Die Kirche verhält sich dann wie Jesus. Sie gibt keine theoreti-
sche Unterweisung über die Liebe, über die Barmherzigkeit. Sie
verbreitet in der Welt keine Philosophie, keinen Weg der Weis-

heit … Gewiss, das Christentum ist auch all das, aber als Folge, als Rückwirkung. Die Mutter Kirche lehrt uns wie Jesus durch das Beispiel, und die Worte dienen dazu, die Bedeutung ihrer Gesten zu erhellen. Die Mutter Kirche lehrt uns, den Hungernden und Dürstenden zu essen und zu trinken zu geben, die Nackten zu bekleiden. Und wie tut sie es? Sie tut es durch das Beispiel vieler heiliger Männer und Frauen, die es auf vorbildliche Weise getan haben; aber sie tut es auch durch das Beispiel sehr vieler Väter und Mütter, die ihre Kinder lehren, dass das, was wir übrig haben, für jene bestimmt ist, denen das Notwendigste fehlt. Es ist wichtig, das zu wissen. In den einfachen christlichen Familien war die Regel der Gastfreundschaft stets heilig: Es fehlt nie ein Teller oder ein Bett für den, der es braucht.

Einmal erzählte mir eine Mutter – in der anderen Diözese –, dass sie ihre Kinder dies lehren wollte und sie aufforderte, zu helfen und den Hungernden zu essen zu geben. Sie hatte drei Kinder. Und eines Tages beim Mittagessen – der Vater war draußen bei der Arbeit, sie war allein mit ihren drei kleinen Kindern von etwa sieben, fünf und vier Jahren – klopfte es an der Tür: Dort stand ein Herr, der um etwas zu essen bat. Und die Mutter sagte zu ihm: »Warte einen Augenblick.« Sie ging wieder hinein und sagte zu den Kindern: »Da ist ein Herr, der um etwas zu essen bittet. Was sollen wir tun?« »Geben wir ihm etwas, Mama, geben wir ihm etwas!« Jeder hatte auf dem Teller ein Steak mit Pommes frites. »Sehr gut«, sagt die Mutter, »wir nehmen die Hälfte von einem jeden von euch und geben ihm die Hälfte von euren Steaks.« »Ach nein, Mama, so nicht, das ist nicht gut!« »Doch, so ist es, du musst von dem geben, was deins ist.« So hat diese Mutter ihre Kinder gelehrt, von ihrem eigenen Essen etwas abzugeben. Das ist ein schönes Beispiel, das mir sehr geholfen hat. »Aber ich habe nichts übrig …« »Gib von dem, was dir gehört!«

So lehrt uns die Mutter Kirche. Und ihr, die vielen Mütter, die ihr hier seid, wisst, was ihr tun müsst, um eure Kinder zu lehren, ihre Sachen mit den Bedürftigen zu teilen.

Die Mutter Kirche lehrt, den Kranken beizustehen. Wie viele heilige Männer und Frauen haben Jesus auf diese Weise gedient! Und wie viele einfache Männer und Frauen praktizieren dieses Werk der Barmherzigkeit jeden Tag, indem sie in einem Krankenhaus oder in einem Altenheim oder im eigenen Haus einen kranken Menschen pflegen.

Die Mutter Kirche lehrt, denen beizustehen, die im Gefängnis sind. »Aber Pater, nein, das ist gefährlich, das sind böse Leute.« Aber jeder von uns ist fähig ... Hört gut zu, was ich sage: Jeder von uns ist fähig, dasselbe zu tun, was jener Mann oder jene Frau getan hat, jener Mensch, der im Gefängnis sitzt. Wir alle sind fähig, zu sündigen und dasselbe zu tun, im Leben Fehler zu machen. Jener Mensch ist nicht böser als du und ich! Die Barmherzigkeit überwindet jede Mauer, jede Barriere, und sie bringt dich dazu, stets das Antlitz des Menschen, der Person zu suchen. Und die Barmherzigkeit verwandelt das Herz und das Leben. Sie kann eine Person erneuern und ihr erlauben, sich neu in die Gesellschaft einzugliedern.

Die Mutter Kirche lehrt, jenen beizustehen, die verlassen sind und alleine sterben. Das hat die selige Teresa auf den Straßen von Kalkutta getan; das haben gestern und heute viele Christen getan, die keine Angst haben, die Hand derer zu halten, die dabei sind, diese Welt zu verlassen. Und auch hier schenkt die Barmherzigkeit dem, der geht, und dem, der bleibt, Frieden, da sie uns spüren lässt, dass Gott größer ist als der Tod und dass, wenn wir in ihm bleiben, auch der letzte Abschied ein »Auf Wiedersehen« ist ... Die selige Teresa hatte das sehr gut verstanden! Man sagte zu ihr: »Mutter, das ist Zeitverschwendung!« Sie fand sterbende Menschen auf der Straße, Menschen, deren Leib bereits von den Ratten der Straße angefressen wurde, und nahm sie mit nach Hause, damit sie sauber, ruhig, mit Liebkosungen in Frieden sterben konnten. Sie sagte all diesen Menschen: »Auf Wiedersehen« … Und viele Männer und Frauen wie sie haben das getan. Und sie erwarten sie dort, dort [er zeigt zum Himmel], an der Pforte, um ihnen die Pforte zum Himmel zu öffnen. Menschen helfen, gut und in Frieden zu sterben.

Liebe Brüder und Schwestern, so ist die Kirche eine Mutter, die ihre Kinder die Werke der Barmherzigkeit lehrt. Sie hat von Jesus diesen Weg gelernt, sie hat gelernt, dass dies das Wesentliche für das Heil ist. Es genügt nicht, die zu lieben, die uns lieben. Jesus sagt, dass dies die Heiden tun. Es genügt nicht, denen Gutes zu tun, die uns Gutes tun. Um die Welt zum Besseren zu wandeln, muss man denen Gutes tun, die nicht in der Lage sind, uns etwas zurückzugeben, wie der Vater es mit uns getan hat, indem er uns Jesus geschenkt hat. Wie viel haben wir für unsere Erlösung bezahlt? Nichts, alles unentgeltlich!

Gutes tun, ohne etwas dafür zu erwarten. So hat der Vater an uns gehandelt, und wir müssen dasselbe tun. Tu Gutes und geh voran! Wie schön ist es, in der Kirche zu leben, in unserer Mutter Kirche, die uns diese Dinge lehrt, die Jesus uns gelehrt hat. Danken wir dem Herrn, der uns die Gnade schenkt, die Kirche als Mutter zu haben: Sie lehrt uns den Weg der Barmherzigkeit, der der Weg des Lebens ist. Danken wir dem Herrn.

(Generalaudienz, 10.9.2014)

Von der falschen Barmherzigkeit

Gelassen kann ich sagen, dass wir im Geist der Kollegialität und der Synodalität wirklich eine Erfahrung von »Synode« gemacht haben, einen gemeinsamen Weg.[15] Und weil es ein Weg war, gab es wie bei allen Wegen Momente von großer Geschwindigkeit, als ob man gleichsam die Zeit besiegen wollte und mit größter Geschwindigkeit zum Ziel kommen wollte. Es gab andere Momente der Müdigkeit, als ob man sagen wollte, dass es jetzt reicht; es gab wiederum andere Momente des Enthusiasmus und des Fleißes ... Und weil es ein Weg von Menschen war, gab es auch Momente ... der Spannung und der Versuchung, von denen man vielleicht die Folgenden nennen könnte.

– *Die Versuchung der feindlichen Erstarrung*: Das ist der Wunsch, sich im Geschriebenen einzuschließen und sich nicht von Gott überraschen lassen wollen, vom Gott der Überraschungen, dem Geist. Im Gesetz einschließen, in der Sicherheit dessen, was wir wissen, und nicht dessen, was wir noch lernen und erreichen müssen. Das ist die Versuchung der Eifrigen, der Skrupulösen, der sogenannten »Traditionalisten« und auch der Intellektualisten.

– *Die Versuchung des zerstörerischen Gutmenschentums*, das im Namen einer falschen Barmherzigkeit die Wunden verbindet, ohne sie zuvor zu behandeln; dabei handelt es sich um ein Symptom, nicht um Gründe oder Wurzeln. Es ist die Versuchung der »Gutmenschen«, der Ängstlichen und auch der sogenannten »Progessiven und Liberalen«.

(Zum Abschluss der Bischofssynode, 18.10.2014)

---

[15] Synode: griech. »gemeinsamer Weg«.

Dies ist nicht die Zeit für Ablenkung

Die Kirche (ist) in dieser Zeit großer epochaler Veränderungen gerufen ..., die Zeichen der Gegenwart und Nähe Gottes vermehrt anzubieten. Dies ist nicht die Zeit für Ablenkung, sondern, im Gegenteil, um wachsam zu bleiben und in uns die Fähigkeit, auf das Wesentliche zu schauen, wiederzuerwecken. Es ist die Zeit für die Kirche, den Sinn des Auftrags wieder neu zu entdecken, den der Herr ihr am Ostertag anvertraut hat: Zeichen und Werkzeug der Barmherzigkeit des Vaters zu sein (vgl. *Joh* 20,21–23) ...

Dies ist die Zeit der Barmherzigkeit. Es ist eine gute Zeit, um die Wunden zu heilen, um nicht müde zu werden, denen zu begegnen, die darauf warten, die Zeichen der Nähe Gottes zu sehen und mit der Hand zu berühren, um allen, allen den Weg der Vergebung und der Versöhnung anzubieten.

(Predigt bei der Proklamation des Hl. Jahres der Barmherzigkeit, 11.4.2015)

5 – Die Wunden Jesu in den Menschen berühren

Die wohl eindringlichste Definition, die der Papst von Barmherzigkeit gibt, ist diese: die Wunden Jesu berühren. Hier sind wir ganz nahe an seiner spezifischen Sicht auf die Barmherzigkeit: Sie ist ein Tun, sie geschieht an unseren Mitmenschen, und sie führt direkt zu Jesus. Glauben und anfassen, das lässt sich in dieser Perspektive gar nicht trennen. Vielleicht entwickeln manche Gesten dieses Papstes – etwa wenn er bei der Generalaudienz einen Schwerkranken küsst – deshalb solche Suggestivkraft, weil das Anfassen für Franziskus ein »locus theologicus« ist, etwas, wo die Rede von Gott greifbar wird.

Im Anfassen, im Berühren der Wunden wird das konkret, was Papst Franziskus im vorigen Kapitel im Bild von der Kirche als »Feldlazarett« aussagt. Gleichzeitig evoziert dieses Berühren wichtige Momente der christlichen Überlieferung: zum einen die Geste des ungläubigen Thomas, der die Wunden des Auferstandenen berührt – eine Schlüsselszene, wenn es um das Thema Glauben geht, und gerade deswegen von Franziskus auch als Urbild der Barmherzigkeit gedeutet. Zum anderen erinnert es an die berühmte Szene aus der Vita des heiligen Franz von Assisi, auf den sich dieser Papst ja auch mit seinem Papstnamen bezieht.

Wie Thomas von Celano in seiner »Ersten Lebensbeschreibung« über Franz von Assisi berichtet, »begegnete er eines Tages, noch in weltlicher Kleidung, einem Aussätzigen. Da raffte er sich auf, überwand sich, trat hinzu und küsste ihn. Von da an begann er, sich selbst mehr und mehr zu verachten, bis er durch die Barmherzigkeit des Erlösers zum vollständigen Sieg über sich selbst gelangte.«[16] Franz von Assisi selbst schreibt dazu in den ersten Zeilen seines Testaments: »So hat der Herr mir, dem Bruder Franziskus, gegeben, das Leben der Buße zu beginnen: denn als ich in Sünden war, kam es mir sehr bitter vor, Aussätzige zu sehen. Und der Herr selbst hat mich unter sie geführt, und ich habe ihnen Barmherzigkeit erwiesen. Und da ich fortging von ihnen, wurde mir das, was mir bitter vorkam, in Süßigkeit der Seele und des Leibes verwandelt. Und danach hielt ich eine Weile inne und verließ die Welt.«[17] Beide Texte setzen das Umarmen des Aussätzigen in Zusammenhang mit dem Wort »Barmherzigkeit«.

In diesem Kapitel finden Sie zunächst einen Bericht über eine Papst-Predigt bei einer Frühmesse, die sowohl vom ungläubigen Thomas spricht als auch, flüchtig, von Franz von Assisi. Hier wird deutlich, wie eng für Franziskus Anbetung und konkretes Tun der Barmherzigkeit zusammenliegen. Einen geradezu mystischen Zungenschlag hat eine Stegreif-Rede an kranke Kinder in Assisi: »Jesus ist gegenwärtig in der Eucharistie, hier ist das Fleisch Jesu; Jesus ist gegenwärtig in eurer Mitte, und das ist das Fleisch Jesu, die Wunden Jesu sind in diesen Menschen«, sagt er da. Bei einer Audienz für Gemeinschaften christlichen Lebens geht der erste Jesuit auf dem Stuhl des Petrus dann auch noch auf die spezifisch ignatianische Spiritualität ein. Der Baske Ignatius von Loyola (1491–1556) war der Gründer des Jesuitenordens und Autor der »Geistlichen Übungen (Exerzitien)«.

---

[16] In: Dieter Berg / Leonhard Lehmann u. a. (Hrsg.), *Franziskus-Quellen*, Kevelaer 2009, S. 209.

[17] Ebd., S. 59.

In die Wundmale hineingehen

Wɪʀ ᴍüssᴇɴ ᴀᴜs ᴜɴs ʜᴇʀᴀᴜsᴋᴏᴍᴍᴇɴ und auf die Straßen der Menschen gehen, um zu entdecken, dass die Wundmale Jesu auch heute noch am Körper all jener Brüder sichtbar sind, die Hunger und Durst leiden, die nackt, erniedrigt und geknechtet sind, die sich im Gefängnis oder im Krankenhaus befinden. Und gerade durch die Berührung und Liebkosung dieser Wunden wird es uns möglich, »den lebendigen Gott mitten unter uns anzubeten«.

Der dem heiligen Apostel Thomas geweihte Festtag bot Papst Franziskus die Gelegenheit, wieder auf eine Vorstellung zurückzukommen, die ihm ganz besonders am Herzen liegt: die Finger in die Wunden Jesu legen. So war die Geste des hl. Thomas, der die Finger in die Wundmale des auferstandenen Jesus legt, das zentrale Thema der Predigt, die der Papst im Verlauf der Messe hielt, die er am Mittwoch, 3. Juli 2013, in der Kapelle der Domus Sanctae Marthae feierte …

Thomas »war ein Dickkopf! Aber der Herr«, kommentierte der Papst, »wollte gerade einen Dickkopf, um uns dabei zu helfen, etwas noch Größeres zu verstehen. Thomas sah den Herrn, er wurde dazu aufgefordert, seinen Finger in die von den Nägeln verursachten Wunden zu legen, seine Hand in die Wunde an seiner Seite zu legen. Aber dann hat er nicht etwa gesagt: ›Es ist wahr, der Herr ist auferstanden.‹ Nein. Er ist noch darüber hinausgegangen, er hat gesagt: ›mein Herr und mein Gott‹. Er ist der erste der Jünger, der das Bekenntnis zur Göttlichkeit Christi nach dessen Auferstehung ablegt. Und er hat ihn angebetet.«

Von diesem Bekenntnis her, so erläuterte der Bischof von Rom, verstehe man dann, was die Absicht gewesen sei, die der Herr Thomas gegenüber im Sinn gehabt habe: Ausgehend von seiner

Ungläubigkeit habe er ihn nicht etwa dazu gebracht, die Auferstehung zuzugeben, sondern vielmehr seine Göttlichkeit. »Und Thomas«, sagte der Papst, »betet den Sohn Gottes an. Aber um anzubeten, um Gott zu finden, den Sohn Gottes, musste er den Finger in die Wundmale legen, seine Hand in seine offene Seite stecken. Das ist der Weg.« Es gebe keinen anderen.

Natürlich »gab es im Lauf der Geschichte der Kirche einige Fehler«, fuhr der Papst fort, »die auf dem Weg zu Gott hin begangen wurden. Einige dachten, dass man den lebendigen Gott, den Gott der Christen« finden könne, indem man »noch höher gehe in der Kontemplation«. Aber das sei »gefährlich; wie viele verirren sich auf diesem Weg und kommen nicht ans Ziel?«, sagte der Papst. »Ja, vielleicht gelangen sie zur Kenntnis Gottes, aber nicht zu derjenigen Jesu Christi, des Gottessohnes, der zweiten Person der Dreifaltigkeit«, präzisierte er. »Zu ihm gelangen sie nicht. Das ist der Weg der Gnostiker: das sind gute Menschen, sie mühen sich ab, aber das ist nicht der richtige Weg, er ist äußerst kompliziert« und führt an kein gutes Ziel. Andere hingegen, fuhr der Papst fort, »dachten, wir müssten, um zu Gott zu gelangen, gut sein, uns kasteien und streng sein, und sie haben den Weg der Buße, nichts als Buße, und das Fasten gewählt.

Aber auch diese sind nicht zum lebendigen Gott, zu Jesus Christus, dem lebendigen Gott, gelangt.« Das, fügte der Papst hinzu, »sind die Pelagianer, die glauben, dank ihrer Bemühungen ans Ziel kommen zu können. Aber Jesus sagt Folgendes zu uns: ›Wir haben Thomas auf dem Weg gesehen.‹ Aber wie kann ich heute noch die Wunden Jesu finden? Ich kann sie nicht so sehen, wie sie Thomas gesehen hat. Die Wundmale Jesu findest du, wenn du Werke der Barmherzigkeit vollbringst, wenn du dem Körper, dem Körper und auch der Seele deines mit Wunden übersäten Bruders etwas gibst, weil er hungert, weil er dürstet, weil er nackt ist, weil er erniedrigt ist, weil er geknechtet ist, weil er im Gefängnis ist, weil er im Krankenhaus ist. Das sind in unseren Tagen die Wundmale Jesu. Und Jesus erwartet von uns, dass wir durch diese Wundmale einen Akt des Glaubens an ihn ablegen.«

Es reicht nicht aus, so fügte der Papst noch hinzu, »eine Stiftung zu gründen, um allen Menschen zu helfen«, noch reiche es, »viel Gutes zu tun, um ihnen zu helfen«. All das sei zwar wichtig, aber es sei nichts weiter als das Verhalten von Philanthropen. Dagegen, sagte Papst Franziskus, »müssen wir die Wundmale Jesu anfassen, wir müssen die Wundmale Jesu liebkosen. Wir müssen die Wunden Jesu mit Zärtlichkeit heilen. Wir müssen die Wunden Jesu im ganz wörtlichen Sinne küssen.«

Er erinnerte daran, dass das Leben des hl. Franziskus von dem Augenblick an völlig anders geworden sei, als er den Aussätzigen berührt habe, weil er da »den lebendigen Gott berührt hat und sein Leben in Anbetung verbracht hat«. »Jesus erwartet von uns«, schloss der Papst, »dass wir mit unseren Werken der Barmherzigkeit das tun, worum der hl. Thomas gebeten hatte: in die Wundmale hineingehen«.

(Frühmesse, 3. 7. 2013)

Die Wunden Jesu sind hier und im Himmel

Wir sind Teil der Wunden Jesu, haben Sie, Frau Direktor, gesagt. Sie haben auch gesagt, dass man auf diese Wunden hören, sie erkennen muss. Da fällt mir die Episode ein, wo Jesus der Herr mit den beiden traurigen Jüngern ein Stück Weges geht. Erst als Jesus ihnen seine Wunden zeigte, erkannten sie Ihn. Dann das Brot, wo Er da war. Mein Mitbruder Domenico (gemeint ist der Bischof von Assisi, *Anm. d. Hrsg.*) hat mir gesagt, dass hier eucharistische Anbetung gehalten wird. Wir müssen auch auf dieses Brot hören, weil Jesus gegenwärtig ist und sich hinter der Schlichtheit und Milde des Brotes verbirgt. Und hier verbirgt sich Jesus in diesen Jugendlichen, in diesen Kindern, diesen Menschen. Auf dem Altar beten wir das Fleisch Jesu an; in ihnen erkennen wir die Wunden Jesu. Jesus, der in der Eucharistie verborgen ist, und Jesus, der sich in diesen Wunden verbirgt. Wir müssen auf sie hören! Vielleicht nicht so sehr in den Zeitungen, als Pressemeldung; das ist ein Zuhören, das einen, zwei oder drei Tage dauert, bis etwas anderes und dann noch etwas anderes kommt ...

Zuhören müssen ihnen jene, die sich als Christen bezeichnen. Der Christ betet Jesus an, der Christ sucht Jesus, der Christ weiß die Wunden Jesu zu erkennen. Und heute müssen wir alle hier sagen: »Man muss auf diese Wunden hören!« Aber da ist noch etwas anderes, das uns Hoffnung gibt. Jesus ist gegenwärtig in der Eucharistie, hier ist das Fleisch Jesu; Jesus ist gegenwärtig in eurer Mitte, und das ist das Fleisch Jesu, die Wunden Jesu sind in diesen Menschen.

Es ist interessant: Als Jesus von den Toten auferstand, war er wunderschön. An seinem Leib waren keine Blutergüsse, keine Wunden ... nichts! Er war schöner als zuvor! Er wollte nur diese Wunden behalten und hat sie in den Himmel getragen. Die Wunden Jesu sind hier, und sie sind im Himmel beim Vater. Wir heilen die Wunden Jesu hier, und Er zeigt uns vom Himmel aus seine Wunden und sagt zu uns allen, uns allen: »Ich warte auf dich!« So sei es.

Der Herr segne euch alle. Seine Liebe komme auf uns herab und begleite uns auf unserem Weg; Jesus möge uns sagen, dass diese Wunden die Seinen sind und uns dabei helfen, ihnen eine Stimme zu geben, damit wir Christen auf sie hören können.

(Stegreif-Ansprache an kranke Kinder in Assisi, 4. 10. 2013)

Nicht nur über die Armen reden – sie berühren!

Dieser Ort ist ein besonderer Ort … Hier hat sich Franziskus von allem entledigt – vor seinem Vater, dem Bischof und den Bürgern von Assisi. Es war eine prophetische Geste, und es war auch eine Geste des Gebets, eine Geste der Liebe und des Anvertrauens an den Vater, der im Himmel ist.

Mit dieser Geste hat Franziskus seine Wahl getroffen: die Wahl, arm zu sein. Es ist keine soziologische, ideologische Wahl; es ist die Wahl, wie Jesus zu sein, es Ihm gleichzutun, Ihm nachzufolgen bis zur letzten Konsequenz. Jesus ist Gott, der seine Herrlichkeit ablegt. Bei Paulus lesen wir: Christus Jesus, der Gott gleich war, »entkleidete« sich, er entäußerte sich und wurde uns Menschen gleich, und er erniedrigte sich bis zum Tod am Kreuz (vgl. *Phil* 2,6–8). Jesus ist Gott, aber er wurde nackt geboren, in eine Krippe gelegt, und er starb nackt am Kreuz …

Wir alle sind gerufen, arm zu sein, uns von uns selbst zu entäußern; und deshalb müssen wir lernen, den Armen nah zu sein, mit den Menschen zu teilen, denen das Notwendigste fehlt, das Fleisch Christi zu berühren! Ein Christ beschränkt sich nicht darauf, über die Armen zu reden, nein! Ein Christ geht auf sie zu, er sieht ihnen in die Augen, er berührt sie. Ich bin nicht hier, um »Schlagzeilen zu machen«, sondern um zu zeigen, dass das der christliche Weg ist; der, den der hl. Franziskus gegangen ist.

(Begegnung mit Armen in Assisi, 4. 10. 2013)

Ständig wieder aufstehen

Als Jesus den Aposteln im Abendmahlssaal zum ersten Mal erschien, hauchte der Auferstandene sie an und sagte: »Empfangt den Heiligen Geist! Wem ihr die Sünden vergebt, dem sind sie vergeben; wem ihr die Vergebung verweigert, dem ist sie verweigert« (*Joh* 20,22–23). Der in seinem Leib verklärte Jesus ist nunmehr der neue Mensch, der die österlichen Gaben schenkt, Frucht seines Todes und seiner Auferstehung. Was sind diese Gaben? Der Friede, die Freude, die Vergebung der Sünden, die Sendung, vor allem aber schenkt er den Heiligen Geist, der die Quelle all dieser Dinge ist. Das Hauchen Jesu, begleitet von den Worten, mit denen er den Geist übermittelt, verweist auf die Weitergabe des Lebens, des neuen, durch die Vergebung neu geborenen Lebens.

Bevor er sie aber anhaucht und den Geist schenkt, zeigt Jesus seine Wundmale in den Händen und in der Seite: Diese Wundmale stellen den Preis unseres Heils dar. Der Heilige Geist bringt uns die Vergebung Gottes, indem er durch die Wundmale Jesu »hindurchgeht«. Diese Wundmale wollte er bewahren; auch in diesem Augenblick zeigt er dem Vater im Himmel die Wundmale, mit denen er uns erlöst hat. Kraft dieser Wundmale sind unsere Sünden vergeben: So hat Jesus sein Leben hingegeben für unseren Frieden, für unsere Freude, für das Geschenk der Gnade in unserer Seele, für die Vergebung unserer Sünden. Es ist sehr schön, so auf Jesus zu schauen!

Und wir kommen zum zweiten Element: Jesus verleiht den Aposteln die Macht, Sünden zu vergeben. Es ist etwas schwierig zu verstehen, wie ein Mensch Sünden vergeben kann, aber Jesus verleiht diese Macht. Die Kirche ist Sachwalterin der Schlüsselgewalt, sie kann die Vergebung öffnen oder verschließen. Gott vergibt jedem Menschen in seiner souveränen Barmherzigkeit, aber er selbst hat gewollt, dass alle, die zu Christus und zur Kirche gehören, die Vergebung durch die Amtsträger der Gemeinschaft empfangen.

Durch den apostolischen Dienst erreicht mich die Barmherzigkeit Gottes, ist meine Schuld vergeben und wird mir die Freude geschenkt. Auf diese Weise ruft Jesus uns auf, die Versöhnung auch in der kirchlichen, gemeinschaftlichen Dimension zu leben. Und das ist sehr schön. Die Kirche, die heilig ist und gleichzeitig der Buße bedarf, begleitet unseren Weg der Bekehrung das ganze Leben hindurch. Die Kirche ist nicht Herrin über die Schlüsselgewalt, sondern Dienerin des Dienstes der Barmherzigkeit, und sie freut sich jedes Mal, wenn sie dieses göttliche Geschenk weitergeben kann. Viele Menschen verstehen die kirchliche Dimension der Vergebung vielleicht nicht, weil stets der Individualismus, der Subjektivismus vorherrscht, und auch wir Christen bekommen das zu spüren. Gewiss, Gott vergibt jedem reuigen Sünder, persönlich, aber der Christ ist an Christus gebunden, und Christus ist eins mit der Kirche.

Für uns Christen gibt es ein Geschenk mehr, und es gibt auch eine Verpflichtung mehr: demütig den Weg über den kirchlichen Dienst zu gehen. Wir müssen das wertschätzen: Es ist ein Geschenk, eine Fürsorge, ein Schutz, und es ist auch die Sicherheit, dass Gott mir vergeben hat. Ich gehe zu einem Bruder, einem Priester, und sage: »Pater, ich habe dies getan ...« Und er antwortet: »Aber ich vergebe dir; Gott vergibt dir.« In diesem Augenblick bin ich sicher, dass Gott mir vergeben hat! Und das ist schön, das bedeutet, die Sicherheit zu haben, dass Gott uns immer vergibt, dass er nicht müde wird zu vergeben. Und wir dürfen nicht müde werden, hinzugehen und um Vergebung zu bitten. Man mag sich schämen, die Sünden auszusprechen, aber unsere Mütter und unsere Großmütter haben gesagt, dass es besser ist, einmal rot zu werden als tausend Mal gelb. Man wird einmal rot, aber die Sünden werden uns vergeben, und es geht weiter.

Abschließend ein letzter Punkt: der Priester als Werkzeug der Sündenvergebung. Die uns in der Kirche geschenkte Vergebung Gottes wird uns übermittelt durch den Dienst eines Bruders, des Priesters. Auch er ist ein Mensch, der wie wir Barmherzigkeit benötigt, und er wird wirklich zum Werkzeug der Barmherzigkeit, indem er uns die grenzenlose Liebe Gottes, des Vaters, schenkt. Auch die Priester müssen beichten, auch die Bischöfe: Wir sind alle Sünder. Auch der Papst beichtet alle vierzehn Tage, denn auch der Papst ist ein Sünder. Und der Beichtvater hört die Dinge, die ich ihm sage, er rät mir, und er vergibt mir, weil wir alle diese Vergebung brauchen. Manchmal kommt es vor, dass man hört, wie jemand behauptet, er beichte direkt bei Gott … Ja, wie ich vorhin gesagt habe, Gott hört dich immer, aber im Sakrament der Versöhnung schickt er einen Bruder, um dir die Vergebung zu bringen, die Gewissheit der Vergebung, im Namen der Kirche.

Der Dienst, den der Priester als Diener im Auftrag Gottes versieht, um die Sünden zu vergeben, ist sehr schwierig und erfordert, dass in seinem Herzen Frieden herrscht, dass im Herzen des Priesters Frieden herrscht; dass er die Gläubigen nicht quält, sondern sanftmütig, gütig und barmherzig ist; dass er es versteht, in den Herzen Hoffnung zu säen, und dass er sich vor allem bewusst ist, dass der Bruder oder die Schwester, der oder die das Sakrament der Versöhnung empfängt, Vergebung sucht und dies tut wie viele Menschen, die zu Jesus gingen, damit er sie heile. Wenn ein Priester diese Geisteshaltung nicht hat, dann ist es besser, dass er – solange er sich nicht ändert – dieses Sakrament nicht spendet. Die reuigen Gläubigen haben das Recht, alle Gläubigen haben das Recht, in den Priestern Diener der Vergebung Gottes zu finden.

Liebe Brüder, sind wir uns als Glieder der Kirche der Schönheit dieses Geschenks bewusst, das Gott uns anbietet? Freuen wir uns über diese Aufmerksamkeit, diese mütterliche Fürsorge, die die Kirche uns gegenüber hat? Wissen wir sie mit Einfachheit und Beständigkeit wertzuschätzen? Wir dürfen nicht vergessen, dass Gott niemals müde wird, uns zu vergeben. Durch den Dienst des Priesters schließt er uns wieder in seine Umarmung ein, die uns neu geboren werden lässt und es uns möglich macht, wieder aufzustehen und den Weg wieder aufzunehmen. Denn das ist unser Leben: ständig wieder aufstehen und den Weg wieder aufnehmen.

(Generalaudienz, 20. 11. 2013)

Wunden berühren: Heilmittel gegen die Gleichgültigkeit

Der Präsident hat an ein ignatianisches Motto erinnert: »kontemplativ in Aktion«. Kontemplativ in Aktion zu sein bedeutet nicht, durch das Leben zu gehen und dabei in den Himmel zu schauen, denn du wirst mit Sicherheit in eine Grube fallen! … Man muss verstehen, was Kontemplation bedeutet. Du hast etwas gesagt, ein Wort, das mich beeindruckt hat: Ich habe mit eigener Hand die Wunden des Herrn berührt in der Armut der Menschen unserer Zeit. Und ich glaube, das ist eines der besten Heilmittel für eine Krankheit, von der wir sehr betroffen sind: die Gleichgültigkeit. Auch die Skepsis: zu glauben, dass man nichts tun kann.

Der Patron der Gleichgültigen und Skeptiker ist Thomas: Thomas musste die Wunden berühren. Es gibt eine wunderschöne Predigt, eine wunderschöne Betrachtung des heiligen Bernhard über die Wunden des Herrn. Du bist Priester, du kannst sie in der dritten Woche der Fastenzeit finden, in der Lesehore, ich erinnere mich nicht, an welchem Tag. In die Wunden des Herrn eintreten: Wir dienen einem Herrn, der aus Liebe verwundet ist; die Hände unseres Gottes sind von der Liebe verwundete Hände. Fähig zu sein, dort einzutreten ... Und Bernhard sagt weiter: »Hab Vertrauen: Tritt ein in die Wunde seiner Seite, und du wirst die Liebe seines Herzens schauen.« Die Wunden der Menschheit: Wenn du dich ihnen näherst, wenn du sie berührst – und das ist katholische Lehre –, berührst du den verwundeten Herrn. Das findest du in *Matthäus* 25; ich bin nicht häretisch, wenn ich das sage. Wenn du die Wunden des Herrn berührst, verstehst du das Geheimnis Christi, des Mensch gewordenen Gottes, ein wenig mehr. Genau das ist die Botschaft von Ignatius hinsichtlich der Spiritualität: eine Spiritualität, in deren Mittelpunkt Jesus Christus steht, nicht die Institutionen, nicht die Menschen, nein. Jesus Christus. Aber der Mensch gewordene Christus!

Und wenn du die Geistlichen Übungen machst, dann sagt er dir: Wenn du den leidenden Herrn siehst, die Wunden des Herrn, dann bemühe dich zu weinen, Schmerz zu empfinden. Die ignatianische Spiritualität schenkt eurer Bewegung diesen Weg, bietet diesen Weg an: in das Herz Gottes eintreten durch die Wunden Jesu Christi – des verwundeten Christus in den Hungernden, in den Unwissenden, in den Weggeworfenen, in den einsamen alten Menschen, in den Kranken, in den Gefangenen, in den Verrückten ... er ist dort. Und was wäre der größte Fehler für einen von euch? Von Gott sprechen, Gott begegnen, aber einem Gott ... einem Gott »aus der Sprühdose«, einem diffusen Gott, einem ätherischen Gott … Ignatius wollte, dass du Jesus Christus begegnest, dem Herrn, der dich liebt und der sein Leben für dich hingegeben hat, der verwundet ist durch deine Sünde, durch meine Sünde, durch alle … Und die Wunden des Herrn sind überall. Der Schlüssel liegt genau in dem, was du gesagt hast. Wir können viel von Theologie sprechen, so viel … gute Dinge, von Gott sprechen …, aber der Weg besteht darin, dass du in der Lage bist, Jesus Christus zu betrachten, das Evangelium zu lesen, was Jesus Christus getan hat: Er ist der Herr! Und dich in Jesus Christus zu verlieben und Jesus Christus zu sagen, dass er dich erwählen möge, um ihm nachzufolgen, um zu sein wie er.

Und das tut man mit dem Gebet und auch indem man die Wunden des Herrn berührt. Nie wirst du Jesus Christus kennenlernen, wenn du nicht seine Wundmale, seine Wunden berührst. Er ist für uns verwundet worden. Das ist der Weg, es ist der Weg, den die ignatianische Spiritualität uns allen anbietet: der Weg …

(Audienz für Gemeinschaften christlichen Lebens, 30. 4. 2015)

6 – Leiden und Kreuz: Wo war Gott in Auschwitz?

Schwer wie die Nacht der alleingelassenen Menschen …

Der Begriff der Barmherzigkeit steht heute vielfach unter Vertröstungsverdacht: Nehmen die, die ihn im Mund führen, denn die Realität des Bösen und Schlechten in unserer Welt überhaupt ernst genug? Oder ist das Wörtchen Barmherzigkeit etwa das Marx'sche Opium für das Volk? Wo war denn Gott, wo war der barmherzige Gott in Auschwitz? Wenn Gott barmherzig und gut ist, warum lässt er dann das Leiden unschuldiger Kinder zu?

Franziskus blendet das Böse aus seiner Weltsicht nun keineswegs aus: Kein Papst der Neuzeit hat so insistierend wie er vom Teufel gesprochen. Das ist der ernste Unterton, der den Barmherzigkeits-Akkord ständig begleitet. Barmherzigkeit ist keine gleichgültige Soße, die die Skandale der Armut und Ungerechtigkeit in unserer Welt zudeckt, das machen die zahllosen, sehr ins Konkrete drängenden Appelle dieses Papstes für die Elenden und an den Rand Geschobenen deutlich.

Und trotzdem, warum leiden denn die Kinder, warum lässt der Barmherzige das zu? Die Fragen sind quälend, und der argentinische Papst ist behutsam genug, auf sie keine schnelle Antwort zu geben. Das Vertrösten ist nicht seine Sache. Er kennt die Antwort nicht – es sei die einzige Frage, auf die es keine Antwort gebe, sagt er in zweien der Texte dieses Kapitels: im Interview mit der Zeitung »La Stampa« und bei einer Begegnung mit jungen Leuten in Manila. Franziskus' Reaktion auf das Unerklärliche ist nicht theologisch, sondern emotional und spirituell; er empfiehlt, zu weinen und das Leiden im Gebet vor Gott zu tragen.

Die Frage aber, wo der Barmherzige denn in Auschwitz war, als sein Volk hingeschlachtet wurde, dreht Franziskus kurzerhand um: Wo war denn damals der Mensch? »Adam, wo bist du?«, wiederholt der Papst in der Holocaust-Gedenkstätte Yad Vashem bei Jerusalem die ersten Worte überhaupt, die das Alte Testament von Gott überliefert. Dahinter steht bei Franziskus die Theologie vom Gott, der Mensch wurde – nicht um einfache Antworten zu geben, sondern um im tiefsten Moment des Leidens bei uns zu sein. Die Barmherzigkeit ist keine billige Formel, sie ist ein Mensch, und sie hat ein Gesicht: »Misericordiae vultus«, so hieß die Bulle, die unser erstes Kapitel bildete. Es ist das Gesicht Jesu am Kreuz.

Das Gebet des »Warum?«

Wenn er uns begegnet, sagt Gott uns zweierlei. Das Erste ist: Habt Hoffnung. Gott öffnet immer die Türen, nie schließt er sie. Er ist der Papa, der uns die Türen öffnet. Das Zweite: Habt keine Angst vor der Zärtlichkeit. Wenn die Christen die Hoffnung und die Zärtlichkeit vergessen, werden sie zu einer kalten Kirche, die nicht weiß, wo sie hingehen soll, und sich in Ideologien, in weltlichen Haltungen verstrickt. Die Einfachheit Gottes hingegen sagt dir: Geh voran, ich bin ein Vater, der dich streichelt. Es macht mir Angst, wenn die Christen die Hoffnung verlieren und die Fähigkeit, zu umarmen und zu streicheln. Vielleicht spreche ich deshalb, wenn ich an die Zukunft denke, oft von den Kindern und den alten Menschen, also von den Schwächsten. In meinem Leben als Priester habe ich, wenn ich in die Pfarrei ging, immer versucht, diese Zärtlichkeit vor allem den Alten und den Kindern gegenüber zu vermitteln. Das tut mir gut, es lässt mich an die Zärtlichkeit denken, die Gott für uns hat.

FRAGE: Wie kann man glauben, dass Gott, den die Religionen unbegrenzt und allmächtig nennen, sich so klein machen kann?

Die griechischen Väter nannten das »synkatabasis«, göttliches Herabsteigen. Gott, der herabsteigt, um bei uns zu sein. Das ist eines der Geheimnisse Gottes ... Jesus ist einer von uns geworden und hat für uns am Kreuz das furchtbarste Ende erlitten, das Ende eines Kriminellen.

FRAGE: Sie haben mehrmals schwerkranke Kinder getroffen. Was können Sie angesichts dieses Leidens von Unschuldigen sagen?

Ein Meister des Lebens war für mich Dostojewski, und diese – explizite und implizite – Frage, die er stellt, hat mich immer in meinem Herzen bewegt: Warum leiden die Kinder? Es gibt keine Erklärung. Mir kommt dieses Bild: In einem bestimmten Moment seines Lebens wacht ein Kind sozusagen auf, es versteht viele Dinge nicht, fühlt sich bedroht, fängt an, Papa oder Mama Fragen zu stellen – das ist das Alter des »Warum«. Aber das Kind hört dann ... nicht allem zu, was du zu sagen hast, sondern bringt sofort neue »Warums« vor. Das, was es noch mehr als eine Erklärung will, ist der Blick des Vaters, der ihm Sicherheit gibt.

Wenn ein Kind leidet, ist das einzige Gebet, das mir (in den Sinn) kommt, das Gebet des »Warum«. Herr, warum? Er erklärt mir nichts. Aber ich spüre, dass er mich ansieht. Und so kann ich sagen: Du kennst den Grund, ich nicht, und du sagst ihn mir nicht – aber du siehst mich an, und ich habe Vertrauen zu dir, Herr. Ich vertraue deinem Blick.

(Interview mit »La Stampa«, 10.12.2013, eigene Übersetzung)

Nichts, wenn nicht Gott

Gott hat auf das Kreuz Jesu alle Last unserer Sünden gelegt, alles Unrecht, das jeder Kain gegen seinen Bruder verübt, alle Bitterkeit des Verrats des Judas und des Petrus, alle Eitelkeit der Anmaßenden, alle Arroganz der falschen Freunde. Es war ein schweres Kreuz, schwer wie die Nacht der alleingelassenen Menschen, schwer wie der Tod der lieben Menschen, schwer, weil es die ganze Schändlichkeit des Bösen zusammenfasst.

Dennoch ist es auch ein Kreuz, das glorreich ist wie die Morgenröte nach einer langen Nacht, da es in allem die Liebe Gottes darstellt, die größer ist als unsere Missetaten und Treuebrüche. Am Kreuz sehen wir das Ungeheuerliche des Menschen, wenn er sich vom Bösen leiten lässt; doch wir sehen auch die Unermesslichkeit der Barmherzigkeit Gottes, der nicht unseren Sünden entsprechend handelt, sondern gemäß seiner Barmherzigkeit.

Angesichts des Kreuzes Jesu sehen wir und greifen dabei gleichsam mit Händen, wie sehr wir von Ewigkeit her geliebt sind. Angesichts des Kreuzes fühlen wir uns als »Kinder« und nicht als »Dinge« oder »Gegenstände«, wie der heilige Gregor von Nazianz sagte, als er sich mit diesem Gebet an Christus wandte:

»Wenn du nicht wärst, mein Christus, würde ich mich als endliches Geschöpf fühlen. Ich bin geboren worden und ich spüre, wie ich vergehe. Ich esse, ich schlafe, ich ruhe mich aus und gehe, ich werde krank und genese.

Zahllose Verlangen und Qualen ergreifen mich, ich genieße die Sonne und was die Erde an Frucht hervorbringt. Dann sterbe ich und das Fleisch wird zu Staub wie das der Tiere, die nicht gesündigt haben. Doch ich, was habe ich mehr als sie? Nichts, wenn nicht Gott. Wenn du nicht wärest, mein Christus, würde ich mich als endliches Geschöpf fühlen. O unser Jesus, führe uns vom Kreuz hin zur Auferstehung und lehre uns, dass nicht das Böse das letzte Wort haben wird, sondern die Liebe, die Barmherzigkeit, die Vergebung.

O Christus, hilf uns, erneut auszurufen: ›Gestern wurde ich mit Christus gekreuzigt, heute werde ich mit ihm verherrlicht. Gestern wurde ich mit ihm getötet, heute werde ich mit ihm zum Leben gerufen. Gestern wurde ich mit ihm begraben, heute werde ich mit ihm auferweckt.‹«

Zum Schluss gedenken wir alle gemeinsam der Kranken, wir gedenken aller unter der Last des Kreuzes verlassenen Menschen, damit sie in der Prüfung des Kreuzes die Kraft der Hoffnung finden, der Hoffnung auf die Auferstehung und die Liebe Gottes.

(Kreuzweg am Kolosseum, 18. 4. 2014)

Adam, wo bist du?

Mensch, wer bist du? Ich erkenne dich nicht mehr.
Wer bist du, o Mensch, Wer bist du geworden?
Zu welchem Gräuel bist du fähig gewesen?
Was hat dich so tief fallen lassen?

Es ist nicht die Erde vom Ackerboden, aus der du gemacht bist. Die Erde vom Ackerboden ist gut, ein Werk meiner Hände.

Es ist nicht der Lebensatem, den ich in deine Nase geblasen habe. Jener Atem kommt von mir, er ist sehr gut (vgl. *Gen* 2,7).

Nein, dieser Abgrund kann nicht allein dein Werk sein, ein Werk deiner Hände, deines Herzens ... Wer hat dich verdorben? Wer hat dich verunstaltet?

Wer hat dich angesteckt mit der Anmaßung, dich zum Herrn über Gut und Böse zu machen?

Wer hat dich überzeugt, dass du Gott bist? Nicht nur gefoltert und getötet hast du deine Brüder, sondern du hast sie als Opfer dir selber dargebracht, denn du hast dich zum Gott erhoben.

Heute hören wir hier wieder die Stimme Gottes: »Adam, wo bist du?«

Vom Boden erhebt sich ein leises Stöhnen: Erbarme dich unser, o Herr!

Du Herr, unser Gott, bist im Recht; uns aber treibt es die Schamröte ins Gesicht, die Schande (vgl. *Bar* 1,15).

Ein Übel ist über uns gekommen, wie es unter dem ganzen Himmel noch nie geschehen ist (vgl. *Bar* 2,2). Jetzt aber, o Herr, höre unser Gebet, erhöre unser Flehen, rette uns um deiner Barmherzigkeit willen. Errette uns aus dieser Ungeheuerlichkeit.

Allmächtiger Herr, eine Seele in Ängsten schreit zu dir. Höre, Herr, erbarme dich!

Wir haben gegen dich gesündigt. Du thronst in Ewigkeit (vgl. *Bar* 3,1–3).

Denk an uns in deiner Barmherzigkeit. Gib uns die Gnade, uns zu schämen für das, was zu tun wir als Menschen fähig gewesen sind, uns zu schämen für diesen äußersten Götzendienst, unser Fleisch, das du aus Lehm geformt und das du mit deinem Lebensatem belebt hast, verachtet und zerstört zu haben.

Niemals mehr, o Herr, niemals mehr!

»Adam, wo bist du?«

Da sind wir, Herr, mit der Scham über das, was der als dein Abbild und dir ähnlich erschaffene Mensch zu tun fähig gewesen ist.

Denk an uns in deiner Barmherzigkeit!

(In Yad Vashem bei Jerusalem, 26. 5. 2014)

Die Frau ist fähig, Fragen zu stellen, die wir Männer nicht in der Lage sind, auf den Punkt zu bringen. Gebt Acht: Sie *[er zeigt auf Glyzelle]* hat heute die einzige Frage gestellt, auf die es keine Antwort gibt *[nämlich, warum Gott das Leid unschuldiger Kinder zulässt, Anm. d. Hrsg.]*. Und es fehlten ihr die Worte, sie musste es uns mit ihren Tränen sagen …

Nur wenn wir fähig sind, über das, was ihr erlebt habt, zu weinen, können wir etwas begreifen und etwas antworten. Die große Frage für alle: Warum das Leid der Kinder? Warum müssen die Kinder leiden? Erst wenn das Herz dahin gelangt, sich die Frage zu stellen und zu weinen, können wir etwas begreifen. Es gibt ein weltliches Mitleid, das uns nichts nützt! Ihr habt etwas davon erzählt. Ein Mitleid, das uns höchstens dazu bringt, mit der Hand in die Tasche zu greifen und eine Münze zu geben. Du hast das angesprochen. Wenn Christus dieses Mitleid gehabt hätte, wäre er vorbeigekommen, hätte drei oder vier Menschen geheilt und wäre zum Vater zurückgekehrt. Erst als Christus weinte und fähig war zu weinen, hat er unsere Tragödien verstanden.

Liebe junge Freunde und Freundinnen, der Welt von heute fehlt das Weinen! Es weinen die Ausgegrenzten, es weinen die Ausgeklammerten, es weinen die Verachteten, doch diejenigen, die wie wir ein mehr oder weniger sorgenfreies Leben führen, verstehen nicht zu weinen. Gewisse Realitäten des Lebens sieht man nur mit Augen, die durch Tränen reingewaschen sind. Ich lade jeden von euch ein, sich zu fragen: Habe ich gelernt zu weinen? Habe ich gelernt zu weinen, wenn ich ein hungriges Kind sehe, ein Kind unter Drogeneinfluss auf der Straße, ein obdachloses, ein verlassenes Kind, ein missbrauchtes Kind, ein von der Gesellschaft als Sklave benutztes Kind? Oder ist mein Weinen das eigensinnige Weinen dessen, der weint, weil er gerne noch mehr haben möchte? – Das ist das Erste, was ich euch sagen möchte: Lernen wir zu weinen, wie sie *[Glyzelle]* uns heute gelehrt hat. Vergessen wir dieses Zeugnis nicht! Die große Frage: Warum das Leiden der Kinder? hat sie weinend gestellt, und die große Antwort, die wir alle geben können, ist, weinen zu lernen.

Jesus – im Evangelium – hat geweint. Er weinte um seinen verstorbenen Freund. Er weinte in seinem Herzen um diese Familie, die ihre Tochter verloren hatte. Er weinte in seinem Herzen, als er diese arme Witwe sah, die ihren Sohn zu Grabe trug. Er war innerlich bewegt und weinte in seinem Herzen, als er die Menschenmenge wie Schafe ohne Hirten sah. Wenn ihr nicht lernt zu weinen, seid ihr keine guten Christen. Und das ist eine Herausforderung. Jun Chura und seine Gefährtin, die heute gesprochen haben, haben uns diese Herausforderung gestellt. Und wenn sie uns fragen: Warum leiden die Kinder? Warum geschieht dies oder jenes Traurige im Leben? – dann möge unsere Antwort entweder Schweigen sein oder ein Wort, das aus Tränen geboren ist. Seid mutig, habt keine Angst zu weinen!

(Begegnung mit Jugendlichen in Manila / Philippinen, 18. 1. 2015)

7 – Barmherzigkeit und Neuevangelisierung

Im Oktober 2012 trat im Vatikan eine Bischofssynode zum Thema Neuevangelisierung zusammen. Etwa drei Monate später kündigte Papst Benedikt XVI., der sie geleitet hatte, überraschend seinen Rücktritt an, ohne das erwartete Dokument mit den Schlussfolgerungen aus den Debatten und Redebeiträgen der Synode veröffentlicht zu haben. Das Thema lag also, als Jorge Mario Bergoglio zum Bischof von Rom gewählt wurde, ganz oben auf dem Schreibtisch des Neuen – auch wenn dieser an der Synode gar nicht teilgenommen hatte.

Das war die Ausgangslage, die Franziskus zu seinem programmatischen Schreiben »Evangelii gaudium« (»Freude des Evangeliums«) nutzte. In der Aufbruchstimmung, die das erste amerikanische Pontifikat der Geschichte ausgelöst hatte, versuchte Franziskus, seiner Kirche, und zwar jedem einzelnen Gläubigen, Beine zu machen. Bezeichnend für diesen neuen Papst war nun, dass er Barmherzigkeit als wichtiges Kriterium für die neue Evangelisierung einführte. Missionieren ist aus seiner Sicht keineswegs etwas für Hardliner, für Hundertprozentige; alle sollen »herausgehen« und zur Welt sprechen, und zwar »in der Sprache der Barmherzigkeit«, wie der erste Text unseres Kapitels zeigt.

Im Zusammenhang mit dieser Dynamik des Evangelisierens zeichnet Franziskus die Barmherzigkeit als Königin aller Tugenden und als entscheidenden Inhalt der christlichen Verkündigung. Auffallend ist, wie konsequent er den Begriff der Barmherzigkeit einsetzt, wenn es um den Einsatz für die Armen geht; hier wird Barmherzigkeit mit sehr konkretem Inhalt gefüllt. »Warum (ver)komplizieren, was so einfach ist?« Gott, der Barmherzige, ist in Jesus Mensch unter Armen und geographisch-sozial an der Peripherie des damaligen römischen Weltreichs Lebenden geworden; das beweist seine besondere Vorliebe für die Armen – ein Anspruch, an dem sich auch die Kirche messen lassen muss, argumentiert der Papst.

Interessant ist auch, dass er die Barmherzigkeit als Bindeglied zum Credo des Islam identifiziert. Hier bezieht er sich auf den Anfang der ersten Sure, der »Fatiha«: »Im Namen Gottes, des Barmherzigen, des Allerbarmers«. Dass Christen die Vorstellung der göttlichen Barmherzigkeit auch mit dem Judentum gemeinsam haben, hat Franziskus an anderer Stelle übrigens gleichfalls betont (vgl. das Ende von Kapitel 1).

Mitten unter den Menschen von heute

Zahlreiche Menschen haben sich von der Kirche entfernt. Es ist falsch, die Schuld dafür diesem oder jenem zuzuschieben; im Gegenteil, man kann hier von gar keiner Schuld sprechen. Man kann der Geschichte der Kirche und ihren Repräsentanten Verantwortung zuschreiben, ebenso wie gewissen Ideologien und auch einzelnen Menschen. Als Kinder der Kirche sind wir dazu verpflichtet, den Weg des II. Vatikanischen Konzils fortzusetzen, uns unnützer und schädlicher Dinge sowie falscher weltlicher Sicherheiten zu entledigen, die die Kirche schwerfällig machen und ihrem Antlitz Schaden zufügen.

Wir brauchen Christen, die für die Menschen unserer Zeit die Barmherzigkeit Gottes und seine Zärtlichkeit allen Geschöpfen gegenüber sichtbar machen. Wir alle wissen, dass die derzeitige Krise der Menschheit nicht nur oberflächlich ist, sie geht in die

Tiefe. Aus diesem Grund muss sich die Neuevangelisierung der Sprache der Barmherzigkeit bedienen, während sie dazu aufruft, den Mut zu haben, gegen den Strom zu schwimmen, sich von den Götzen zum einzigen wahren Gott zu bekehren – einer Barmherzigkeit, die zuerst aus Gesten und Haltungen besteht und erst dann aus Worten. Die Kirche sagt mitten unter den Menschen von heute: Kommt alle zu Jesus, die ihr euch plagt und schwere Lasten zu tragen habt. Ich werde euch Ruhe verschaffen (vgl. *Mt* 11,28–30). Kommt zu Jesus. Er allein hat Worte des ewigen Lebens.

(An den Päpstlichen Rat für Neuevangelisierung, 14.10.2013)

Der Sämann gerät bei Unkraut nicht in Panik

Die Kirche »im Aufbruch« ist die Gemeinschaft der missionarischen Jünger, die die Initiative ergreifen, die sich einbringen, die begleiten, die Frucht bringen und feiern. »*Primerear* – die Initiative ergreifen«: Entschuldigt diesen Neologismus! Die evangelisierende Gemeinde spürt, dass der Herr die Initiative ergriffen hat, ihr in der Liebe zuvorgekommen ist (vgl. *1 Joh* 4,10), und deshalb weiß sie voranzugehen, versteht sie, furchtlos die Initiative zu ergreifen, auf die anderen zuzugehen, die Fernen zu suchen und zu den Wegkreuzungen zu gelangen, um die Ausgeschlossenen einzuladen. Sie empfindet einen unerschöpflichen Wunsch, Barmherzigkeit anzubieten – eine Frucht der eigenen Erfahrung der unendlichen Barmherzigkeit des himmlischen Vaters und ihrer Tragweite. Wagen wir ein wenig mehr, die Initiative zu ergreifen! ... Die evangelisierende Gemeinde stellt sich durch Werke und Gesten in das Alltagsleben der anderen, verkürzt die Distanzen, erniedrigt sich nötigenfalls bis zur Demütigung und nimmt das menschliche Leben an, indem sie im Volk mit dem leidenden Leib Christi in Berührung kommt ... Die evangelisierende Gemeinde achtet immer auf die Früchte, denn der Herr will, dass sie fruchtbar ist. Sie nimmt sich des Weizens an und verliert aufgrund des Unkrauts nicht ihren Frieden. Wenn der Sämann inmitten des Weizens das Unkraut aufkeimen sieht, reagiert er nicht mit Gejammer und Panik. Er findet den Weg, um dafür zu sorgen, dass das Wort Gottes in einer konkreten Situation Gestalt annimmt und Früchte neuen Lebens trägt, auch wenn diese scheinbar unvollkommen und unvollendet sind.

(Apostolisches Schreiben Evangelii gaudium, Nr. 24)

Barmherzigkeit, die größte aller Tugenden

Der heilige Thomas von Aquin lehrte, dass es auch in der moralischen Botschaft der Kirche eine *Hierarchie* gibt, in den Tugenden und in den Taten, die aus ihnen hervorgehen. Hier ist das, worauf es ankommt, vor allem »den Glauben zu haben, der in der Liebe wirksam ist« (*Gal* 5,6). Die Werke der Nächstenliebe sind der vollkommenste äußere Ausdruck der inneren Gnade des Geistes: »Das Hauptelement des neuen Gesetzes ist die Gnade des Heiligen Geistes, die deutlich wird durch den Glauben, der durch die Liebe handelt.« Darum behauptet der heilige Thomas, dass in Bezug auf das äußere Handeln die Barmherzigkeit die größte aller Tugenden ist: »An sich ist die Barmherzigkeit die größte der Tugenden. Denn es gehört zum Erbarmen, dass es sich auf die anderen ergießt und – was mehr ist – der Schwäche der anderen aufhilft; und das gerade ist Sache des Höherstehenden. Deshalb wird das Erbarmen gerade Gott als Wesensmerkmal zuerkannt; und es heißt, dass darin am meisten seine Allmacht offenbar wird.«

(Apostolisches Schreiben Evangelii gaudium, Nr. 37)

Der Primat der Gnade

Das Heil, das Gott uns anbietet, ist ein Werk seiner Barmherzigkeit. Es gibt kein menschliches Tun, so gut es auch sein mag, das uns ein so großes Geschenk verdienen ließe. Aus reiner Gnade zieht Gott uns an, um uns mit sich zu vereinen. Er sendet seinen Geist in unsere Herzen, um uns zu seinen Kindern zu machen, um uns zu verwandeln und uns fähig zu machen, mit unserem Leben auf seine Liebe zu antworten. Die Kirche ist von Jesus Christus gesandt als das von Gott angebotene Sakrament des Heiles. Durch ihr evangelisierendes Tun arbeitet sie mit als Werkzeug der göttlichen Gnade, die unaufhörlich und jenseits jeder möglichen Kontrolle wirkt. Benedikt XVI. hat dies treffend zum Ausdruck gebracht, als er die Überlegungen der Synode eröffnete: »Daher ist es wichtig, immer zu wissen, dass das erste Wort, die wahre Initiative, das wahre Tun von Gott kommt, und nur indem wir uns in diese göttliche Initiative einfügen, nur indem wir diese göttliche Initiative erbitten, können auch wir – mit ihm und in ihm – zu Evangelisierern werden.« Das Prinzip des *Primats der Gnade* muss ein Leuchtfeuer sein, das unsere Überlegungen zur Evangelisierung ständig erhellt.

(Apostolisches Schreiben Evangelii gaudium, Nr. 112)

Ungeschuldete Barmherzigkeit

Kirche sein bedeutet Volk Gottes sein, in Übereinstimmung mit dem großen Plan der Liebe des Vaters. Das schließt ein, das Ferment Gottes inmitten der Menschheit zu sein. Es bedeutet, das Heil Gottes in dieser unserer Welt zu verkünden und es hineinzutragen in diese unsere Welt, die sich oft verliert, die es nötig hat, Antworten zu bekommen, die ermutigen, die Hoffnung geben, die auf dem Weg neue Kraft verleihen. Die Kirche muss der Ort der ungeschuldeten Barmherzigkeit sein, wo alle sich aufgenommen und geliebt fühlen können, wo sie Verzeihung erfahren und sich ermutigt fühlen können, gemäß dem guten Leben des Evangeliums zu leben.

(Apostolisches Schreiben Evangelii gaudium, Nr. 114)

Gebt ihr ihnen zu essen!

Die Kirche, die dem Evangelium von der Barmherzigkeit und der Liebe zum Menschen folgt, hört den Ruf nach Gerechtigkeit und möchte mit allen ihren Kräften darauf antworten. In diesem Rahmen versteht man die Aufforderung Jesu an seine Jünger: »Gebt ihr ihnen zu essen!« (*Mk* 6,37), und das beinhaltet sowohl die Mitarbeit, um die strukturellen Ursachen der Armut zu beheben und die ganzheitliche Entwicklung der Armen zu fördern, als auch die einfachsten und täglichen Gesten der Solidarität angesichts des ganz konkreten Elends, dem wir begegnen. Das Wort »Solidarität« hat sich ein wenig abgenutzt und wird manchmal falsch interpretiert, doch es bezeichnet viel mehr als einige gelegentliche großherzige Taten. Es erfordert, eine neue Mentalität zu schaffen, die in den Begriffen der Gemeinschaft und des Vorrangs des Lebens aller gegenüber der Aneignung der Güter durch einige wenige denkt.

(Apostolisches Schreiben Evangelii gaudium, Nr. 188)

Warum (ver)komplizieren, was so einfach ist?

Der Aufruf, auf den Schrei der Armen zu hören, nimmt in uns menschliche Gestalt an, wenn uns das Leiden anderer zutiefst erschüttert. Lesen wir noch einmal, was das Wort Gottes über die Barmherzigkeit sagt, damit es kraftvoll im Leben der Kirche nachhallt. Das Evangelium verkündet: »Selig die Barmherzigen, denn sie werden Erbarmen finden« (*Mt* 5,7). Der Apostel Jakobus lehrt, dass die Barmherzigkeit den anderen gegenüber uns erlaubt, siegreich aus dem göttlichen Gericht hervorzugehen: »Redet und handelt wie Menschen, die nach dem Gesetz der Freiheit gerichtet werden. Denn das Gericht ist erbarmungslos gegen den, der kein Erbarmen gezeigt hat. Barmherzigkeit aber triumphiert über das Gericht« (2,12–13). In diesem Text erweist Jakobus sich als Erbe des größten Reichtums der nachexilischen jüdischen Spiritualität, die der Barmherzigkeit einen speziellen Heilswert zuschrieb: »Lösch deine Sünden aus durch rechtes Tun, tilge deine Vergehen, indem du Erbarmen hast mit den Armen. Dann mag dein Glück vielleicht von Dauer sein« (*Dan* 4,24). Aus derselben Perspektive spricht die Weisheitsliteratur vom Almosen als einer konkreten Übung der Barmherzigkeit gegenüber den Notleidenden: »Barmherzigkeit rettet vor dem Tod und reinigt von jeder Sünde« (*Tob* 12,9). In noch plastischerer Weise wird das im Buch *Jesus Sirach* ausgedrückt: »Wie Wasser loderndes Feuer löscht, so sühnt Mildtätigkeit Sünde« (3,30). Zum gleichen Schluss kommt auch das Neue Testament: »Vor allem haltet fest an der Liebe zueinander; denn die Liebe deckt viele Sünden zu« (*1 Petr* 4,8). Diese Wahrheit drang tief in das Denken der Kirchenväter ein und leistete als kulturelle Alternative einen prophetischen Widerstand gegen den hedonistischen heidnischen Individualismus.

Das ist eine so klare, so direkte, so einfache und vielsagende Botschaft, dass keine kirchliche Hermeneutik das Recht hat, sie zu relativieren. Die Reflexion der Kirche über diese Texte dürfte deren ermahnende Bedeutung nicht verdunkeln oder schwächen, sondern vielmehr helfen, sie sich mutig und eifrig zu Eigen zu machen. Warum komplizieren, was so einfach ist? Die begrifflichen Werkzeuge sind dazu da, den Kontakt mit der Wirklichkeit, die man erklären will, zu fördern, und nicht, um uns von ihr zu entfernen. Das gilt vor allem für die biblischen Ermahnungen, die mit großer Bestimmtheit zur Bruderliebe, zum demütigen und großherzigen Dienst, zur Gerechtigkeit und zur Barmherzigkeit gegenüber dem Armen auffordern. Jesus hat uns mit seinen Worten und seinen Taten diesen Weg der Anerkennung des anderen gewiesen. Warum verdunkeln, was so klar ist? Sorgen wir uns nicht nur darum, nicht in lehrmäßige Irrtümer zu fallen, sondern auch darum, diesem leuchtenden Weg des Lebens und der Weisheit treu zu sein.

(Apostolisches Schreiben Evangelii gaudium, Nr. 193 f.)

Gottes erste Barmherzigkeit gilt den Armen

Für die Kirche ist die Option für die Armen in erster Linie eine theologische Kategorie und erst an zweiter Stelle eine kulturelle, soziologische, politische oder philosophische Frage. Gott gewährt ihnen seine erste Barmherzigkeit. Diese göttliche Vorliebe hat Konsequenzen im Glaubensleben aller Christen, die ja dazu berufen sind, so gesinnt zu sein wie Jesus (vgl. *Phil* 2,5). Von ihr inspiriert, hat die Kirche eine *Option für die Armen* gefällt, die zu verstehen ist als besonderer Vorrang in der Weise, wie die christliche Liebe ausgeübt wird; eine solche Option wird von der ganzen Tradition der Kirche bezeugt. Diese Option, lehrte Benedikt XVI., ist »im christologischen Glauben an jenen Gott implizit enthalten, der für uns arm geworden ist, um uns durch seine Armut reich zu machen«. Aus diesem Grund wünsche ich mir eine arme Kirche für die Armen. Sie haben uns vieles zu lehren. Sie haben nicht nur Teil am *sensus fidei,* sondern kennen außerdem dank ihrer eigenen Leiden den leidenden Christus. Es ist nötig, dass wir alle uns von ihnen evangelisieren lassen. Die neue Evangelisierung ist eine Einladung, die heilbringende Kraft ihrer Leben zu erkennen und sie in den Mittelpunkt des Weges der Kirche zu stellen. Wir sind aufgerufen, Christus in ihnen zu entdecken, uns zu Wortführern ihrer Interessen zu machen, aber auch ihre Freunde zu sein, sie anzuhören, sie zu verstehen und die geheimnisvolle Weisheit anzunehmen, die Gott uns durch sie mitteilen will.

(Apostolisches Schreiben Evangelii gaudium, Nr. 198)

Barmherzigkeit – eine Brücke zum Islam

In dieser Zeit gewinnt die Beziehung zu den Angehörigen des Islam große Bedeutung, die heute in vielen Ländern christlicher Tradition besonders gegenwärtig sind und dort ihren Kult frei ausüben und in die Gesellschaft integriert leben können. Nie darf vergessen werden, dass sie sich zum Glauben Abrahams bekennen und mit uns den einen Gott anbeten, den barmherzigen, der die Menschen am Jüngsten Tag richten wird. Die heiligen Schriften des Islam bewahren Teile der christlichen Lehre; Jesus Christus und Maria sind Gegenstand tiefer Verehrung, und es ist bewundernswert zu sehen, wie junge und alte Menschen, Frauen und Männer des Islams fähig sind, täglich dem Gebet Zeit zu widmen und an ihren religiösen Riten treu teilzunehmen. Zugleich sind viele von ihnen tief davon überzeugt, dass das eigene Leben in seiner Gesamtheit von Gott kommt und für Gott ist. Ebenso sehen sie die Notwendigkeit, ihm mit ethischem Einsatz und mit Barmherzigkeit gegenüber den Ärmsten zu antworten.

(Apostolisches Schreiben Evangelii gaudium, Nr. 252)

8 – Biblische Blicke auf die Barmherzigkeit

Das ist ein spezielles Kapitel – zum einen von der Ordnung her. Anders als die anderen ist es nicht chronologisch angeordnet, sondern nach der Abfolge der biblischen Bücher. Zum anderen von der Form her: Von wenigen Ausnahmen abgesehen, besteht dieses Kapitel gänzlich aus Berichten über die Frühmessen des Papstes in der vatikanischen Casa Santa Marta, die manchmal etwas sperrig, schwierig lesbar sind, die sehr viel indirekte Rede aufweisen; aber die Mühe lohnt sich, in diesen Zusammenfassungen der Stegreif-Predigten von Franziskus kommen wir ganz nah an sein Denken heran.

Fast zahllos sind die Beobachtungen und Bemerkungen, die sich zu den Texten dieses Kapitels machen ließen. Ich will mich auf einige wenige beschränken. Wohl nicht ganz zufällig sind es, wie hier deutlich wird, vor allem Texte aus dem Lukasevangelium, die Franziskus anregen, von Barmherzigkeit zu sprechen. Die Gleichnisse von der Barmherzigkeit, die Lukas anführt, darf man zu den Lieblings-Bibelstellen des Papstes rechnen, zusammen mit den von ihm immer wieder zitierten Seligpreisungen und der Szene des Jüngsten Gerichts aus Mt 25. Bei seiner Auslegung von Mt 9, der Berufung des Zöllners, fällt auf, mit welcher Eindringlichkeit Franziskus gerade hier betont, Gottes Barmherzigkeit sei »kein Gleichnis«, sondern eine historische Tatsache, »sie hat sich zugetragen«. Unser Kapitel 2 oben erklärt den biographischen Hintergrund für diese Worte.

Wieder finden wir, wie schon an anderer Stelle, ausführliche Papst-Reflexionen zur Begegnung Jesu mit der Ehebrecherin so-

wie zu den Gleichnissen vom verlorenen Sohn und vom barmher-
zigen Samariter. Auch die Bibelstelle, die unserem Buch den Ti-
tel gibt, nämlich »Barmherzigkeit will ich, nicht Opfer«, kommt
in der Predigt zu Mt 9 vor. Vor allem aber bieten diese Predigten
zahlreiche originelle Formulierungen in einfacher, nachvollzieh-
barer Sprache, hinter denen die tiefe Spiritualität dieses Papstes
aufscheint. Besonders gut gefällt mir seine Formulierung bei der
Auslegung von Joh 4 (der Samariterin am Jakobsbrunnen), auch
wir selbst sollten einmal, wie sie, »unseren Wasserkrug stehen-
lassen«. »Wir alle haben einen oder mehr als einen! Ich frage
euch und auch mich: ›Was ist dein innerer Wasserkrug, der dir
eine Last ist, der dich von Gott entfernt?‹ Stellen wir ihn ein we-
nig beiseite und vernehmen wir mit dem Herzen die Stimme Jesu,
die uns ein anderes Wasser anbietet …«

Barmherzigkeit im Alten Testament

Gen 1: Schöpfung

Die Schöpfung ist in der Ordnung der Liebe angesiedelt. Die
Liebe Gottes ist der fundamentale Beweggrund der gesamten
Schöpfung: »Du liebst alles, was ist, und verabscheust nichts von
allem, was du gemacht hast; denn hättest du etwas gehasst, so
hättest du es nicht geschaffen« (*Weish* 11,24). Jedes Geschöpf ist
also Gegenstand der Zärtlichkeit des Vaters, der ihm einen Platz
in der Welt zuweist. Sogar das vergängliche Leben des unbedeu-
tendsten Wesens ist Objekt seiner Liebe, und in diesen wenigen
Sekunden seiner Existenz umgibt er es mit seinem Wohlwollen.
Der heilige Basilius der Große sagte, dass der Schöpfer auch »die
unerschöpfliche Güte« ist, und Dante Alighieri sprach von der
»Liebe, welche die Sonne und die Sterne bewegt«. Daher steigt

man von den geschaffenen Werken Gottes auf zu seiner liebevollen Barmherzigkeit.

(Enzyklika Laudato si', 24. 5. 2015, Nr. 77)

Ex 20: Die Zehn Gebote

Der Glaube erscheint als ein Unterwegssein, als ein Weg, der be-
schritten werden muss, der offen ist für die Begegnung mit dem
lebendigen Gott. Im Licht des Glaubens, der völligen Hingabe
an den rettenden Gott, erhält deshalb der Dekalog seine tiefere
Wahrheit, die in den Einleitungsworten zu den Zehn Geboten
enthalten ist: »Ich bin Jahwe, dein Gott, der dich aus Ägypten
geführt hat« (*Ex* 20,2). Der Dekalog ist nicht eine Sammlung
von negativen Vorschriften, sondern von konkreten Weisungen,
um aus der Wüste des selbstbezogenen, in sich verschlossenen
Ich herauszukommen und in Dialog mit Gott treten zu können,
während man sich von seiner Barmherzigkeit umfangen lässt,
um selber Barmherzigkeit zu bringen. So bekennt der Glaube
die Liebe Gottes, von der alles kommt und die alles trägt; er lässt
sich von dieser Liebe bewegen, um unterwegs zu sein zur Fülle
der Gemeinschaft mit Gott. Der Dekalog erscheint als der Weg
der Dankbarkeit, der Antwort aus Liebe, der möglich ist, weil
wir uns im Glauben für die Erfahrung der verwandelnden Liebe
Gottes zu uns geöffnet haben.

(Enzyklika Lumen Fidei, 29. 6. 2013, Nr. 46)

Buch Kohelet: »Alles ist Windhauch«

IN DER FRÜHMESSE VOM 25. SEPTEMBER 2014, die der
Papst in Santa Marta feierte, kommentierte er den bekannten
Abschnitt aus dem Buch *Kohelet* – »Windhauch, das ist alles

Windhauch« –, der in der Tageslesung vorgelegt wird. Er wies darauf hin, dass dieser Text nicht so »pessimistisch« sei, wie es den Anschein haben könnte. Dagegen enthalte er »die Wahrheit« und sage uns, dass »alles vergeht, und wenn du nicht etwas Dauerhaftes hast, dann wirst auch du vergehen, so wie alle Dinge« … Im Grunde bestehe die Versuchung darin: »Leben, um aufzufallen, um gesehen zu werden. Und das geschieht nicht nur unter den Heiden, sondern auch unter Gläubigen, unter Christen.« … Was hingegen zähle, so erläuterte Franziskus, sei nicht, dass man sich einer Sache rühme. Wichtig sei einzig und allein »dein Leben mit dem Herrn«. Franziskus regte die Gläubigen an, sich hierzu selbst einige Fragen zu stellen: »Wie betest du? Wie steht es in deinem Leben um die Werke der Barmherzigkeit? Besuchst du die Kranken?« Kurz, man müsse direkt zum Kern vordringen, »die Wirklichkeit« anschauen. Und »das ist der Grund dafür, dass Jesus uns sagt, dass wir unser Haus, also unser christliches Leben, auf dem Felsen, auf der Wahrheit errichten sollen«.

(Frühmesse, 25. 9. 2014)

Barmherzigkeit im Neuen Testament

Mt 3: Taufe Jesu

Heute ist das Fest der Taufe des Herrn. Am Vormittag habe ich zweiunddreißig Neugeborene getauft. Ich danke zusammen mit euch dem Herrn für diese Geschöpfe und für jedes neue Leben. Es ist mir eine große Freude, Kinder zu taufen. Ich tue das sehr gerne! …

Am Tag der Taufe Christi betrachten wir nochmals den offenen Himmel. Das Offenbarwerden des Sohnes Gottes auf Erden bezeichnet den Beginn der großen Zeit der Barmherzigkeit, nachdem die Sünde den Himmel verschlossen und gleichsam eine Barriere zwischen dem Menschen und seinem Schöpfer errichtet hatte. Mit der Geburt Jesu öffnet sich der Himmel!

Gott gibt uns in Christus die Gewissheit einer unzerstörbaren Liebe. Seit der Menschwerdung des Wortes ist es also möglich, den Himmel offen zu sehen. Es war dies möglich für die Hirten von Bethlehem, für die Sterndeuter aus dem Osten, für den Täufer, für die Apostel Jesu, für den heiligen Stephanus, den ersten Märtyrer, der ausrief: »Ich sehe den Himmel offen!« (*Apg 7,56*). Und auch ein jeder von uns vermag es, wenn wir uns von der Liebe Gottes erfüllen lassen, die uns zum ersten Mal in der Taufe durch den Heiligen Geist geschenkt wird. Lassen wir uns von der Liebe Gottes überfluten! Das ist die große Zeit der Barmherzigkeit! Vergesst es nicht: Das ist die große Zeit der Barmherzigkeit!

Als Jesus von Johannes dem Täufer im Fluss Jordan die Taufe der Buße empfing und sich so mit dem reuigen Volk solidarisch zeigte – er, der ohne Sünde war und keiner Umkehr bedurfte –, ließ Gott, der Vater, seine Stimme aus dem Himmel vernehmen: »Das ist mein geliebter Sohn, an dem ich Gefallen gefunden habe.« Jesus empfängt die Bestätigung des himmlischen Vaters, der ihn gesandt hat, damit er es auf sich nehme, unser Menschsein, unsere Armut zu teilen. Teilen ist die wahre Weise zu lieben. Jesus sondert sich nicht von uns ab, er betrachtet uns als Brüder und teilt mit uns. Und so macht er uns zusammen mit sich zu Kindern Gottes, des Vaters. Das ist die Offenbarung und der Quell der wahren Liebe. Und das ist die große Zeit der Barmherzigkeit!

Habt ihr nicht den Eindruck, dass es in unserer Zeit eines Mehr an brüderlichem Teilen und an Liebe bedarf? Habt ihr nicht den Eindruck, dass wir alle mehr Nächstenliebe brauchen? Nicht jene Liebe, die sich mit einer improvisierten Hilfe zufrieden gibt, die einen nicht richtig betrifft, bei der man nichts riskiert, sondern jene, die teilt, die sich der Not und des Leids des Bruders und der Schwester annimmt. Welch einen Geschmack nimmt doch das Leben an, wenn man sich von der Liebe Gottes überfluten lässt!

(Angelus, 12. 1. 2014)

Mt 9: Die Berufung des Zöllners

SICH LEITEN LASSEN von der Barmherzigkeit Jesu; ein Fest mit ihm feiern; die »Erinnerung« an jenen Augenblick lebendig halten, in dem wir in unserem Leben der Erlösung begegnet sind. Das ist die dreifache Aufforderung, die aus der Reflexion hervorgegangen ist, die Papst Franziskus im Verlauf der Messe vorgetragen hat, die er am Freitag, 5. Juli 2013, in der Kapelle der Domus Sanctae Marthae feierte. In seiner Predigt kommentierte der Papst die Passage aus dem *Matthäusevangelium* (9,9–13), in welcher der Evangelist, der Zöllner, den Jesus beruft, um einer der Zwölf zu werden, über seine eigene Bekehrung berichtet.

Die Botschaft, die Jesus übermitteln will, erklärte der Papst, ist »aus der Tradition des Volkes Israel« übernommen. Eine prophetische Botschaft, mit deren Verständnis sich das Volk aber immer schwergetan hat: »Ich will Barmherzigkeit, keine Opfer.« In der Tat ist unser Gott der Gott der Barmherzigkeit. Gerade der Geschichte des Matthäus lasse sich das gut entnehmen, erklärte Papst Franziskus, denn diese »ist kein Gleichnis«: Sie ist tatsächlich eine historische Tatsache, »sie hat sich zugetragen«.

Papst Franziskus erinnerte an das Bild Jesu, der sich »bei denen, die die Steuergelder einkassierten und diese dann zu den Römern brachten«, aufhielt. Diese Leute, so hob er hervor, galten als anrüchig, weil sie »zweifache Sünder waren; sie hingen sehr am Geld, und sie waren Vaterlandsverräter«. Einer von ihnen war Matthäus, »der Mann, der an dem Tisch saß, an dem die Steuer entrichtet werden musste«. Jesus schaut ihn an, und dieser Blick lässt ihn in seinem Inneren »etwas Neues, etwas, das er nicht kannte«, verspüren. »Jesu Blick«, erklärte der Heilige Vater, lässt ihn »ein innerliches Staunen« verspüren; er lässt ihn »die Aufforderung Jesu, ihm nachzufolgen« wahrnehmen. Und genau in diesem Augenblick wird Matthäus »voll der Freude«. Kurzum, so kommentierte der Papst, indem er auf ein berühmtes Gemälde von Caravaggio hinwies: Matthäus »genügte ein einziger Augenblick, um zu verstehen, dass dieser Blick sein Leben auf immer verändert hatte«. In genau diesem Augenblick »sagt Matthäus Ja; er verlässt alles und geht zusammen mit dem Herrn weg. Das ist der Augenblick der erlebten und angenommenen Barmherzigkeit: Ich komme mit dir.«

Dem ersten Augenblick der Begegnung, die in »einer tiefen geistigen Erfahrung besteht«, folgt ein zweiter: derjenige des Festes. Die biblische Geschichte fährt in der Tat mit der Beschreibung Jesu fort, der mit den Zöllnern und Sündern bei »einem Fest« am Tisch sitzt, kommentierte Papst Franziskus, »mit all denen, die alles andere waren als die Elite der Gesellschaft«, im Gegenteil, »sie waren der Abschaum der Gesellschaft«. Aber für den Papst ist das »die Widersprüchlichkeit bei Gottes Fest: Der Herr feiert mit den Sündern«, während er das mit den Gerechten kaum tut. Im Hinblick darauf erinnerte der Papst an Kapitel 15 des *Lukasevangeliums,* wo ganz klar gesagt wird, dass im Himmel mehr Freude sei über einen bekehrten Sünder als über 99 Gerechte, die der Bekehrung bedürfen. Und weiter hinten im selben Kapitel wird über den Vater berichtet, der aus Anlass der Heimkehr des sündigen Sohnes ein Fest feiert. Aus diesem Grund ist das Fest für Papst Franziskus »sehr wichtig«, da man die Begegnung mit Jesus feiert, die Barmherzigkeit Gottes: »Er schaut mit Barmherzigkeit, verändert unser Leben und feiert.«

Aber das Leben ist kein ununterbrochenes Fest. Papst Bergoglio weiß das nur allzu gut, der in seiner langen seelsorgerischen Erfahrung als Priester und Bischof, wie er im Verlauf des Gottesdienstes den Anwesenden anvertraute, oft gefragt worden war: »Vater, wird nach diesen beiden Momenten – dem Staunen über die Begegnung und dem Fest – das ganze Leben ein einziges Fest sein?« Die Antwort, so sagte der Papst, sei »nein«, weil »das Fest darin besteht, einen neuen Weg einzuschlagen«, dann aber müsse »die alltägliche Arbeit« folgen, »die genährt werden muss aus der Erinnerung an jene erste Begegnung«. Gerade so, wie es im Leben des Matthäus geschehen sei, der »diese Arbeit getan hat«, indem er »ging, um das Evangelium zu verkündigen«. In diesem Fall, so erläuterte Papst Franziskus, handelt es sich nicht »um einen Augenblick«: Es handelt sich um »eine Zeit«, die sich »bis ans Ende des Lebens« erstreckt.

Aber, so fragte sich der Papst, woran soll man sich erinnern? Genau »an jene Ereignisse, an jene Begegnung mit Jesus, die mein Leben verändert hat, der barmherzig gewesen ist, der sehr gut zu mir war«, so lautete die Antwort, »und der auch zu mir gesagt hat: Lade deine sündigen Freunde ein, weil wir ein Fest feiern.« In der Tat gibt die Erinnerung an diese Barmherzigkeit und an dieses Fest »dem Matthäus und all den anderen Kraft«, die beschlossen hätten, Christus nachzufolgen, »um weiterzugehen«. Daran, so fügte der Papst hinzu, solle man sich immer erinnern, genauso, wie man auf die glühenden Holzscheite blase, um das Feuer am Leben zu erhalten.

Indem er wieder an sein Thema anknüpfte, unterstrich der Heilige Vater »zwei Augenblicke und eine Zeit: den Augenblick der Begegnung, in dem Matthäus von Jesus mit jenem Blick der

Barmherzigkeit angeschaut wird, und den Augenblick des Festes aus Anlass des Anfangs eines neuen Weges; sowie die Zeit der Erinnerung, der Erinnerung an diese Tatsachen«. Auch deshalb, weil die gesamte Predigttätigkeit Christi darin bestanden habe, »durch die Straßen zu gehen auf der Suche nach Armen und Kranken«, um »mit ihnen zu feiern«. Ein Fest, das er auch auf die Sünder habe ausdehnen wollen, was ihm viel Kritik eingetragen habe. Aber seine Antwort sei uns bekannt: »Darum lernt, was es heißt: ›Barmherzigkeit will ich, nicht Opfer‹. Denn ich bin nicht gekommen, um die Gerechten zu rufen, sondern die Sünder.« Papst Franziskus schloss: das heiße so viel wie: »Der, der sich für einen Gerechten hält, der soll ruhig in seinem eigenen Saft schmoren. Er (Jesus) ist für uns Sünder gekommen.«

(Frühmesse, 5. 7. 2013)

Mk 6: Die Speisung der Fünftausend

»ZUERST WIRD GESAGT, dass Jesus Mitleid mit den vielen Menschen hatte: Das ist die Liebe Jesu. Er sah die vielen Menschen, die wie Schafe waren, die keinen Hirten haben. Sie waren orientierungslos.« Aber auch heute, so erinnerte Franziskus, gebe es noch »viele orientierungslose Menschen in unseren Städten, in unseren Ländern: sehr viele Menschen.« Als »Jesus diese orientierungslosen Menschen sah, war er ergriffen: Er beginnt damit, sie zu lehren, sie die Dinge Gottes zu lehren, und das Volk hörte ihm zu, es hörte ihm sehr aufmerksam zu, weil der Herr gut zu reden verstand, er sprach die Herzen an.«

Und dann, so erzähle Markus in seinem Evangelium, habe Jesus, als er bemerkt habe, dass diese 5.000 Menschen nicht einmal etwas zu essen hatten, die Jünger dazu aufgefordert, sich darum zu kümmern. Es sei also Christus, der »als Erster hingeht, um den Menschen zu begegnen«. Die Jünger ihrerseits seien vielleicht »ein wenig nervös geworden, sie fühlten Verdruss und gaben eine sehr direkte Antwort: Sollen wir weggehen, für zweihundert Denare Brot kaufen und es ihnen geben, damit sie zu essen haben?« Wenn also »die Liebe Gottes zuerst da war, dann hatten die Jünger rein gar nichts verstanden«.

Aber genauso sei »die Liebe Gottes: Sie erwartet uns immer, sie überrascht uns immer.« Es sei »der Vater, unser Vater, der uns sehr liebt, der immer dazu bereit ist, uns zu vergeben, immer«. Und nicht etwa einmal, sondern »siebenundsiebzigmal: immer«. Gerade »wie ein liebevoller Vater«. So »müssen wir, um diesen Gott zu erkennen, der die Liebe ist, die Stufen der Liebe emporsteigen, über die Nächstenliebe, die Werke der Liebe, die Werke der Barmherzigkeit, die uns der Herr gelehrt hat«.

(Frühmesse, 8. 1. 2015)

Lk 6,27–38: Liebt eure Feinde

(DER PAPST PREDIGTE über die Worte Jesu:) »Ihr aber sollt eure Feinde lieben und sollt Gutes tun und leihen, auch wo ihr nichts dafür erhoffen könnt. Dann wird euer Lohn groß sein, und ihr werdet Söhne des Höchsten sein.« Daraus werde klar ersichtlich, dass »das Evangelium eine schwer umzusetzende Neuheit ist«. In einem Wort bedeute es, »Jesus nachzufolgen«. Ihm folgen. Ihn nachahmen. Jesus habe nicht zu seinem Vater gesagt: »Ich werde gehen, ihnen etwas sagen, eine schöne Rede halten, den Weg zeigen, und dann komme ich zurück.« Nein, die Antwort Jesu an den Vater sei: »Ich werde deinen Willen tun.« Denn am Ölberg sage er zum Vater: »Dein Wille geschehe.« Und so »gibt er sein Leben hin, und zwar nicht für seine Freunde«, sondern »für seine Feinde«!

Der Weg des Christen sei nicht einfach, gab der Papst zu, aber »das ist er«. Die Antwort an alle, die sagten: »Das traue ich mir nicht zu, so zu handeln!«, sei: »Wenn du dazu nicht imstande bist, dann ist das dein Problem, aber das ist der Weg des Christen. Das ist der Weg, den Jesus uns lehrt.« Deshalb forderte Franziskus dazu auf, »den Weg Jesu zu gehen, der Barmherzigkeit ist: Seid barmherzig, wie euer Vater barmherzig ist!« Denn »nur mit einem barmherzigen Herzen können wir das tun, was der Herr uns zu tun rät, bis zum Ende«. So werde deutlich, dass »das christliche Leben kein selbstbezogenes Leben ist«, sondern ein Leben, das »aus sich selbst herausgeht, um sich den anderen zu schenken; es ist ein Geschenk, es ist Liebe, und die Liebe richtet sich nicht auf sich selbst zurück, sie ist nicht egoistisch: Sie gibt sich hin!«

Der Abschnitt aus dem *Lukasevangelium* schließe mit der Einladung, nicht zu urteilen und barmherzig zu sein. Dagegen »scheint es oft so zu sein, als wären wir zu Richtern über die anderen bestellt; wenn wir klatschen, schlecht reden, über alle richten«. Aber Jesus sage uns: »Richtet nicht, dann werdet auch ihr nicht gerichtet werden. Verurteilt nicht, dann werdet auch ihr nicht verurteilt werden. Erlasst einander die Schuld, dann wird auch euch die Schuld erlassen werden.« Im Übrigen »sagen wir das jeden Tag im Vaterunser: Vergib uns, wie auch wir vergeben«. Denn wenn ich als Erster »nicht vergebe, wie kann ich dann den Vater fragen: ›Vergibst du mir?‹« …

Franziskus sagte abschließend, dass »eine erste Lektüre« des sechsten Kapitels aus dem Lukasevangelium »erschrecken« könne. Aber er schlug vor: »Wenn wir das Evangelium nehmen und es zum zweiten, zum dritten, zum vierten Mal lesen«, dann könnten wir »den Herrn um die Gnade bitten, zu verstehen, was es heißt, ein Christ zu sein«. Und »auch um die Gnade, dass er uns zu Christen macht. Denn allein von uns aus können wir das nicht.«

(Frühmesse, 11. 9. 2014)

Lk 7: Jesus erweckt den Sohn einer Witwe zum Leben

Die Barmherzigkeit Jesu ist nicht nur ein Gefühl, sie ist eine Kraft, die Leben schenkt, die den Menschen erweckt! Das sagt uns das heutige Evangelium in der Begebenheit mit der Witwe von Naïn (*Lk* 7,11–17). Denn zusammen mit seinen Jüngern erreicht Jesus gerade in dem Moment Naïn, einen Ort in Galiläa, als eine Begräbnisfeier stattfindet: Man trägt einen jungen Mann zu Grabe, den einzigen Sohn einer Witwe. Der Blick Jesu heftet sich sogleich auf die in Tränen aufgelöste Mutter. Der Evangelist Lukas sagt: »Als der Herr die Frau sah, hatte er Mitleid mit ihr« (V. 13). Dieses »Mitleid« ist die Liebe Gottes zum Menschen, es ist die Barmherzigkeit, das heißt die Haltung Gottes, wenn er auf das menschliche Elend trifft, auf unsere Schwäche, auf unser Leiden, auf unsere Angst. Der biblische Begriff des »Mitleids« ruft das innerste Fühlen einer Mutter in Erinnerung: Die Mutter nämlich verspürt angesichts des Schmerzes der Kinder eine ganz eigene Reaktion. So liebt uns Gott, sagt die Schrift. Und was ist die Frucht dieser Liebe, dieser Barmherzigkeit? Das Leben! Jesus sagte zur Witwe von Naïn: »Weine nicht!«, und dann rief er den toten jungen Mann und erweckte ihn wie vom Schlaf (vgl. V. 13–15). Bedenken wir dies, das ist schön: Die Barmherzigkeit Gottes schenkt dem Menschen Leben, sie erweckt ihn vom Tod. Der Herr blickt immer mit Barmherzigkeit auf uns; vergessen wir das nicht, er blickt immer mit Barmherzigkeit auf uns, er erwartet uns mit Barmherzigkeit. Haben wir keine Angst, uns ihm zu nähern! Er hat ein barmherziges Herz! Wenn wir ihm unsere inneren Verletzungen zeigen, unsere Sünden, vergibt er uns immer. Er ist reine Barmherzigkeit! Gehen wir zu Jesus!

Wenden wir uns an die Jungfrau Maria: ihr unbeflecktes Herz, das Herz einer Mutter, hat im Höchstmaß das »Mitleid« Gottes geteilt, besonders in der Stunde des Leidens und Sterbens Jesu. Maria helfe uns, sanftmütig, demütig und barmherzig mit unseren Brüdern und Schwestern zu sein.

(Angelus, 9.6.2013)

Lk 10: Der barmherzige Samariter

Das heutige Evangelium – wir sind beim zehnten Kapitel nach Lukas – ist das berühmte Gleichnis vom barmherzigen Samariter. Wer war dieser Mann? Es war irgendjemand, der auf der Straße, die die Wüste von Judäa durchquert, von Jerusalem nach Jericho hinabging. Kurz zuvor war ein Mann von Räubern überfallen, geplündert, niedergeschlagen und halbtot liegengelassen worden. Vor dem Samariter kommen ein Priester und ein Levit vorbei, das heißt zwei Personen, die für den Kult im Tempel des Herrn zuständig sind. Sie sehen jenen armen Mann, doch sie gehen weiter, ohne anzuhalten. Als dagegen der Samariter jenen Mann sah, »hatte er Mitleid«, sagt das Evangelium (*Lk* 10,33). Er ging zu ihm hin, goss Öl und Wein auf seine Wunden und verband sie; dann hob er ihn auf sein Reittier, brachte ihn zu einer Herberge und zahlte für ihn … Er sorgte also für ihn: Er ist das Beispiel der Nächstenliebe. Warum aber wählt Jesus einen Samariter als Hauptperson des Gleichnisses? Weil die Samariter aufgrund unterschiedlicher religiöser Traditionen bei den Juden verachtet waren; und dennoch lässt Jesus erkennen, dass das Herz jenes Samariters gut und großherzig ist und dass er – im

Unterschied zum Priester und zum Leviten – den Willen Gottes in die Praxis umsetzt, dem mehr an Barmherzigkeit als an Opfern liegt (vgl. *Mk* 12,33). Gott will immer die Barmherzigkeit und nicht die gegen alle gerichtete Verurteilung.

Er will die Barmherzigkeit des Herzens, weil er barmherzig ist und unsere Armseligkeiten, unsere Schwierigkeiten und auch unsere Sünden gut zu verstehen weiß. Gib uns allen dieses barmherzige Herz! Der Samariter tut genau das: Er ahmt die Barmherzigkeit Gottes nach, die Barmherzigkeit gegenüber den Bedürftigen.

(Angelus, 14. 7. 2013)

Lk 11: Bittet, dann wird euch gegeben

Der Papst wies zunächst auf das vor der Lesung gesprochene Tagesgebet hin: »Gott, unser Vater, alles Gute kommt allein von dir, ohne dich vermögen wir nichts. Erweise allen, die zu dir rufen, deine Liebe. Halte fern, was uns schadet, und gewähre, was uns zum Heile dient.« Franziskus bemerkte, dass »es eine Eigenschaft der göttlichen Barmherzigkeit ist, dass sie nicht nur vergibt – das ist uns allen bekannt –, sondern dass sie auch großzügig ist und mehr und mehr gibt …«, auch das, »was das Gebet nicht zu erhoffen wagt« [wie der italienische Text des Tagesgebets lautet – *Anm. d. Hrsg.*]. Der Heilige Vater hob hervor: »Wir bitten vielleicht im Gebet um dieses oder jenes, und er gibt uns immer noch mehr! Immer, immer noch mehr!« Der Papst kehrte anschließend zum Evangelium zurück und erinnerte daran, dass die Apostel einige Verse zuvor Jesus darum baten, sie beten zu lehren, wie es Johannes mit seinen Jüngern getan habe. »Und der Herr lehrte sie das Vaterunser.« Danach spreche das Evangelium von der »Großherzigkeit Gottes«, von dieser »Barmherzigkeit, die mehr und mehr gibt, weit mehr als alles, was wir für möglich halten«.

Papst Franziskus kam dann auf den Kern des Textes zu sprechen: »Wenn einer von euch einen Freund hat, und um Mitternacht ... Dieser Text enthält drei Wörter, drei Schlüsselwörter: der Freund, der Vater und die Gabe.« Das sei das Stichwort, um die Verbindung zu den alltäglichen Erfahrungen zu ziehen: In unserem Leben, so der Papst, gebe es Freunde, die Gold wert seien, »die ihr Leben für einen Freund geben würden«, und dann hätten wir noch viele andere mehr oder weniger gute Freunde: aber einige seien ganz besondere Freunde. Davon gebe es nicht viele: »Die Bibel sagt uns: ›einen, zwei oder drei ... mehr nicht‹. Alle anderen sind Freunde, aber nicht so wie diese.«

Der Papst fuhr fort: »Ich gehe zu ihm nach Hause und bitte ihn um etwas. Ich bitte ihn, und schließlich fühlt er sich belästigt durch diese Aufdringlichkeit. Er steht auf und erfüllt die Bitte eine Freundes.« Gerade »die freundschaftlichen Bande bewirken, dass uns gegeben wird, worum wir gebeten haben«. Aber: »Jesus geht einen Schritt weiter und spricht über den Vater«, wobei er seinen Zuhörern diese Fragen stelle: »Oder ist ein Vater unter euch, der seinem Sohn eine Schlange gibt, wenn er um einen Fisch bittet, oder einen Skorpion, wenn er um ein Ei bittet?« Daraus leite sich die nachfolgende Versicherung ab: »Wenn nun schon ihr, die ihr böse seid, euren Kindern gebt, was gut ist, wie viel mehr wird der Vater im Himmel denen geben, die ihn bitten!« Das heiße, dass »nicht nur der Freund, der uns auf unserem Lebensweg begleitet, uns hilft und uns das gibt, worum wir bitten, sondern auch der Vater im Himmel, dieser Vater, der uns sehr liebt.« So sehr, dass er sich, wie Jesus sage, sogar um die Nahrung für die Vögel des Feldes kümmere.

(Frühmesse, 9.10.2014)

Lk 15: Drei Gleichnisse von der Barmherzigkeit

In der heutigen Liturgie wird das 15. Kapitel des *Lukasevangeliums* verlesen, das die drei Gleichnisse der Barmherzigkeit enthält: das Gleichnis vom verlorenen Schaf, jenes vom verlorenen Geldstück und dann das längste aller Gleichnisse, das charakteristisch für Lukas ist, das Gleichnis vom Vater und den beiden Söhnen, dem »verlorenen« Sohn und dem Sohn, der sich für »gerecht« hält, der sich »heilig« wähnt. Alle drei Gleichnisse sprechen von der Freude Gottes. Gott freut sich. Interessant ist das: Gott freut sich!

Und worin besteht die Freude Gottes? Die Freude Gottes ist das Vergeben, die Freude Gottes besteht darin, zu vergeben! Es ist die Freude eines Hirten, der sein Schaf wiederfindet; die Freude einer Frau, die ihr Geldstück wiederfindet; es ist die Freude eines Vaters, der den Sohn im Haus aufnimmt, der verloren war, der wie gestorben war und zum Leben zurückgekehrt ist, der nach Hause zurückgekehrt ist. Hier ist das ganze Evangelium! Hier! Hier ist das ganze Evangelium, hier ist das ganze Christentum! Aber aufgepasst, das ist kein Gefühl, das ist kein »Gutmenschentum«!

Im Gegenteil, die Barmherzigkeit ist die wahre Kraft, die den Menschen und die Welt vor dem »Krebsgeschwür« retten kann, das die Sünde ist, das moralische Übel, das geistliche Übel. Allein die Liebe erfüllt die Leere, die negativen Abgründe, die das Böse im Herzen und in der Geschichte aufreißt. Allein die Liebe vermag dies, und das ist die Freude Gottes!

Jesus ist ganz Barmherzigkeit, Jesus ist ganz Liebe: Er ist der Mensch gewordene Gott. Jeder von uns, jeder von uns ist jenes verlorene Schaf, jenes verlorene Geldstück; jeder von uns ist jener Sohn, der seine Freiheit vergeudet hat, falschen Götzen, Blendwerken des Glücks, gefolgt ist und alles verloren hat. Doch Gott vergisst uns nicht, der Vater verlässt uns nie. Er ist ein geduldiger Vater, er erwartet uns immer! Er respektiert unsere Freiheit, doch er bleibt immer treu. Und wenn wir zu ihm zurückkehren, nimmt er uns in seinem Haus wie Kinder auf, da er niemals aufhört, auch nicht einen Augenblick, uns voll Liebe zu erwarten. Und sein Herz feiert ein Fest für jedes Kind, das zurückkehrt. Es feiert ein Fest, weil es eine Freude ist. Gott hat diese Freude, wenn einer von uns Sündern zu ihm geht und um seine Vergebung bittet.

Was ist die Gefahr? Die Gefahr besteht darin, dass wir uns für gerecht halten und über die anderen urteilen. Wir urteilen auch über Gott, weil wir denken, dass er die Sünder züchtigen, zum Tod verurteilen sollte, statt ihnen zu vergeben. Ja, dann laufen wir Gefahr, draußen vor dem Haus des Vaters zu bleiben! Wie jener ältere Bruder des Gleichnisses, der – statt zufrieden zu sein, weil der Bruder zurückgekehrt ist – zornig auf den Vater ist, der ihn aufgenommen hat und ein Fest feiert.

Wenn in unserem Herzen keine Barmherzigkeit ist, keine Freude der Vergebung, sind wir nicht in Gemeinschaft mit Gott, selbst wenn wir alle Gebote befolgen, denn es ist die Liebe, die rettet, nicht allein die Befolgung der Gebote. Es ist die Liebe zu Gott und zum Nächsten, die alle Gebote erfüllt. Und das ist die Liebe Gottes, seine Freude: vergeben. Er erwartet uns immer! Vielleicht trägt da jemand in seinem Herzen etwas Schweres: »Aber ich habe das getan, ich habe jenes getan ...« Er erwartet dich! Er ist Vater: Immer erwartet er uns!

Wenn wir nach dem Gesetz »Auge um Auge, Zahn um Zahn« leben, dann kommen wir nie aus der Spirale des Bösen heraus. Der Teufel ist schlau und macht uns vor, dass wir mit unserer menschlichen Gerechtigkeit uns und die Welt retten können. In Wirklichkeit kann uns allein die Gerechtigkeit Gottes retten!

Und die Gerechtigkeit Gottes hat sich am Kreuz offenbart: Das Kreuz ist das Urteil Gottes über uns alle und über diese Welt. Wie aber urteilt Gott über uns? Indem er sein Leben für uns hingibt! Ja, das ist der höchste Akt der Gerechtigkeit, der ein für alle Mal den Fürsten dieser Welt besiegt hat; und dieser höchste Akt der Gerechtigkeit ist gerade auch der höchste Akt der Barmherzigkeit. Jesus ruft uns alle, diesem Weg zu folgen: »Seid barmherzig, wie es auch euer Vater ist!« (*Lk* 6,36). Ich bitte euch um etwas, jetzt. In Stille wollen wir alle nachdenken … jeder denke an einen Menschen, mit dem wir nicht gut stehen, auf den wir zornig sind, den wir nicht gern haben. Denken wir an jenen Menschen und beten wir in Stille, in diesem Augenblick, für diese Person und werden wir barmherzig gegenüber diesem Menschen.

(Angelus, 15. 9. 2013)

Lk 18: Die Heilung eines Blinden

»WENN DIE GLÄUBIGEN, die Priester in der Kirche zu so einer Gruppe werden, die nicht kirchlich ist, sondern hyperkirchlich, eine Gruppe, die das Privileg hat, dem Herrn nah zu sein, dann sind sie der Versuchung ausgesetzt, ihre erste Liebe zu vergessen«: eben »diese wunderschöne Liebe, die wir alle erfahren haben, als der Herr uns berufen hat, als er uns erlöst hat, als er zu uns gesagt hat: Ich habe dich so lieb.« Es handle sich dabei um »eine Versuchung, der die Jünger ausgesetzt sind: die erste Liebe zu vergessen, also auch die Peripherien zu vergessen, in denen ich einst war, auch wenn ich mich dessen schämen muss«. Das sei eine Einstellung, die folgendermaßen zum Ausdruck gebracht werden könne: »Herr, dieser Mensch da stinkt, lass ihn nicht an dich heran.« Aber die Antwort des Herrn falle eindeutig aus: »Und hast du etwa nicht gestunken, als ich dich geküsst habe?«

Angesichts »dieser Versuchung, der die Grüppchen der Auserwählten« zu allen Zeiten ausgesetzt gewesen seien, sei das Verhalten »Jesu in der Kirche, in der Kirchengeschichte« so, wie bei Lukas beschrieben: »Er blieb stehen.« Es »ist eine Gnade«, so betonte der Papst, »wenn Jesus stehenbleibt und sagt: Schaut dorthin, bringt ihn zu mir«, gerade so, wie er es mit diesem Blinden aus Jericho getan habe. Auf diese Weise »bringt der Herr die Jünger dazu, ihre Blicke in Richtung der kritischen Peripherien zu wenden«. So als wolle er sagen: »Schaut nicht nur auf mich. Ja, ihr sollt mich ansehen, aber nicht ausschließlich mich! Seht mich auch in den anderen Menschen, in den Hilfsbedürftigen.«

In der Tat, »wenn Gott stehenbleibt, dann tut er das immer voller Barmherzigkeit und Gerechtigkeit, manchmal aber tut er das auch voller Zorn«, so präzisierte Franziskus, indem er sich auf jene Episode bezog, wo der Herr »sich von dieser Führungsschicht distanzierte« und sie als »diese böse und treulose Generation« definiert habe: Gewiss, so kommentierte er, »das war alles andere als eine Liebkosung«. Indem er wieder zur Heilung des Blinden bei Jericho zurückkehrte, war es dem Papst wichtig, zu betonen, dass Jesus selbst diesen herankommen lasse und ihn heile, wobei er anerkannt habe, dass dieser geglaubt habe: »Dein Glaube hat dir geholfen.«

(Frühmesse, 17. 11. 2014)

Lk 18: Vom Gebet

Der Abschnitt aus dem Evangelium stellt zwei Arten zu beten heraus, eine falsche – die des Pharisäers – und eine andere, echte – die des Zöllners. Der Pharisäer verkörpert eine Haltung, die nicht den Dank an Gott für seine Wohltaten und seine Barmherzigkeit, sondern vielmehr Selbstzufriedenheit ausdrückt. Der

Pharisäer fühlt sich gerecht, er fühlt sich in Ordnung, er plustert sich darum auf wie ein Pfau und verurteilt die anderen von der Höhe seines Podestes aus. Der Zöllner dagegen macht nicht viele Worte. Sein Gebet ist demütig, nüchtern, durchdrungen von dem Bewusstsein der eigenen Unwürdigkeit, der eigenen Schwächen: Dieser Mann bekennt wirklich, dass er der Vergebung Gottes, der Barmherzigkeit Gottes bedarf.

Das Gebet des Zöllners ist das des Armen, es ist das Gebet, das Gott gefällt, es »dringt durch die Wolken«, wie die erste Lesung sagt (*Sir* 35,21), während das des Pharisäers beschwert ist vom Ballast der Eitelkeit.

Im Licht dieses Wortes möchte ich euch, liebe Familien, fragen: Betet ihr manchmal in der Familie? Einige ja, ich weiß es. Doch viele sagen mir: Aber geht das? Nun, man macht es wie der Zöllner, das ist klar: demütig vor Gott. Jeder lässt sich in Demut vom Herrn anschauen und erbittet seine Güte, dass er zu uns komme. – Aber, in der Familie, wie geht das da? Denn es scheint, das Gebet sei etwas Persönliches, und dann gibt es nie einen passenden, ruhigen Moment in der Familie … Ja, das stimmt, aber es ist auch eine Frage der Demut, zu bekennen, dass wir Gott brauchen, wie der Zöllner! Und alle Familien – wir haben Gott nötig: alle, alle! Wir brauchen seine Hilfe, seine Kraft, seinen Segen, seine Barmherzigkeit, seine Vergebung. Und es erfordert Einfachheit: Um in der Familie zu beten, braucht es Einfachheit! Gemeinsam am Tisch das »Vaterunser« zu beten, ist nichts Außergewöhnliches: Das ist leicht.

(Predigt, 27. 10. 2013)

Lk 24: Auferstehung Jesu

Welch eine große Freude für mich, euch diese Botschaft zu verkünden: Christus ist auferstanden! Ich möchte, dass sie in jedes Haus, in jede Familie gelange und besonders dorthin, wo mehr Leid herrscht, in die Krankenhäuser, in die Gefängnisse … Vor allem möchte ich, dass sie in alle Herzen gelange, denn dort will Gott diese Frohe Botschaft hineinsäen: Jesus ist auferstanden; es gibt die Hoffnung für dich, du bist nicht mehr unter der Herrschaft der Sünde, des Bösen! Gesiegt hat die Liebe, gesiegt hat die Barmherzigkeit! Immer siegt die Barmherzigkeit Gottes!

Wie die Frauen, Jüngerinnen Jesu, die zum Grab gingen und es leer fanden, können auch wir uns fragen, was dieses Ereignis zu bedeuten habe (vgl. *Lk* 24,4). Was heißt das, Jesus ist auferstanden? Es bedeutet, dass die Liebe Gottes stärker ist als das Böse und als der Tod selbst; es bedeutet, dass die Liebe Gottes unser Leben umwandeln, die Wüste, die sich in unserem Herzen befindet, zum Erblühen bringen kann. Dies kann die Liebe Gottes vollbringen! …

Wie viele Wüsten muss der Mensch auch heute durchqueren? Vor allem die Wüste in ihm selbst, wenn die Liebe zu Gott und für den Nächsten fehlt, wenn das Bewusstsein fehlt, Hüter all dessen zu sein, was der Schöpfer uns geschenkt hat und schenkt. Aber die Barmherzigkeit Gottes kann auch das trockenste Land erblühen lassen, kann selbst ausgetrocknete Gebeine wieder lebendig machen (vgl. *Ez* 37,1–14).

Das ist also meine Einladung an alle: Nehmen wir die Gnade der Auferstehung Christi an! Lassen wir uns von der Barmherzigkeit Gottes erneuern, lassen wir zu, dass Jesus uns liebt, dass die Macht seiner Liebe auch unser Leben umwandle; und werden wir zu Werkzeugen dieser Barmherzigkeit, zu Kanälen, durch welche Gott die Erde bewässern, die ganze Schöpfung behüten sowie Gerechtigkeit und Frieden erblühen lassen kann.

(Segen Urbi et Orbi an Ostern, 31. 3. 2013)

Joh 4: Die Frau am Jakobsbrunnen

Das heutige Evangelium berichtet von der Begegnung Jesu mit der samaritischen Frau, die sich in Sychar bei einem alten Brunnen zutrug, zu dem sich die Frau tagtäglich begab, um Wasser zu schöpfen. An jenem Tag fand sie Jesus vor, der »müde von der Reise« (*Joh* 4,6) war und sich an den Brunnen gesetzt hatte. Er sagt ihr sogleich: »Gib mir zu trinken« (V. 7). Auf diese Weise überwindet er die Barrieren der Feindseligkeit, die es zwischen Juden und Samaritern gab, und bricht mit den Mustern des Vorurteils gegenüber den Frauen. Die einfache Bitte Jesu ist der Beginn eines offenen Gesprächs, durch das er mit großem Feingefühl die innere Welt eines Menschen betritt, an den er den gesellschaftlichen Gepflogenheiten entsprechend nicht einmal das Wort hätte richten dürfen. Doch Jesus tut es! Jesus hat keine Angst.

Wenn Jesus einen Menschen sieht, geht er auf ihn zu, weil er liebt. Er liebt uns alle. Nie hält er vor einer Person aufgrund von Vorurteilen inne. Jesus konfrontiert sie mit ihrer Situation, ohne über sie zu urteilen, sondern indem er sie beachtet, sich anerkannt fühlen und so in ihr das Verlangen wach werden lässt, über die alltägliche Routine hinauszugehen. Der Durst Jesu war nicht so sehr ein Durst nach Wasser als vielmehr danach, einer vertrockneten Seele zu begegnen. Jesus hatte das Bedürfnis, der Samariterin zu begegnen, um ihr das Herz zu öffnen: Er bittet sie um etwas zu trinken, um den Durst hervorzuheben, der in ihr selbst war. Die Frau ist von dieser Begegnung berührt: Sie richtet an Jesus jene tiefen Fragen, die wir alle in uns haben, doch oft ignorieren.

Auch wir haben viele Fragen, doch wir finden nicht den Mut, sie Jesus zu stellen! ... Das Beispiel der samaritischen Frau lädt uns ein, so zu sprechen: »Jesus, gib mir jenes Wasser, das meinen Durst in Ewigkeit stillen wird.«

Das Evangelium sagt, dass sich die Jünger darüber gewundert hätten, dass ihr Meister mit jener Frau sprach. Doch der Herr ist größer als die Vorurteile, deshalb fürchtete er es nicht, sich mit der Samariterin abzugeben: Die Barmherzigkeit ist größer als das Vorurteil. Das müssen wir gut lernen! Die Barmherzigkeit ist größer als das Vorurteil, und Jesus ist sehr, sehr barmherzig! Das Ergebnis jener Begegnung beim Brunnen war, dass die Frau verwandelt wurde: »da ließ sie ihren Wasserkrug stehen« (V. 28), mit dem sie immer kam, um Wasser zu schöpfen, und eilte in die Stadt, um von ihrer außerordentlichen Erfahrung zu erzählen.

»Ich habe einen Mann gefunden, der mir alles gesagt hat, was ich getan habe: Ist er vielleicht der Messias?« Sie war begeistert. Sie war hingegangen, um Wasser vom Brunnen zu holen, und hatte ein anderes Wasser gefunden, das lebendige Wasser der Barmherzigkeit, das für das ewige Leben sprudelt. Sie hat das Wasser gefunden, das sie von jeher suchte! Sie eilt in den Ort, in jenen Ort, der über sie urteilte, der sie verurteilte und ablehnte, und verkündigt, dass sie dem Messias begegnet ist: einem, der ihr das Leben verändert hat. Denn jede Begegnung mit Jesus ändert uns das Leben, immer. Das ist ein Schritt nach vorn, ein Schritt, der näher zu Gott bringt. Und so ändert uns jede Begegnung mit Jesus das Leben. Immer, immer ist das so.

In diesem Evangelium finden auch wir den Ansporn, »unseren Wasserkrug stehenzulassen«, Symbol für all das, was dem Anschein nach wichtig ist, doch vor der »Liebe Gottes« seinen

Wert verliert. Wir alle haben einen oder mehr als einen! Ich frage euch und auch mich: »Was ist dein innerer Wasserkrug, der dir eine Last ist, der dich von Gott entfernt?« Stellen wir ihn ein wenig beiseite und vernehmen wir mit dem Herzen die Stimme Jesu, die uns ein anderes Wasser anbietet, ein anderes Wasser, das uns dem Herrn näherbringt.

(Angelus, 23.3.2014)

Joh 8: Jesus vergibt der Ehebrecherin

»GOTT VERGIBT NICHT PER DEKRET, sondern mit einer Liebkosung.« Und mit der Barmherzigkeit »geht Jesus noch über das Gesetz hinaus und vergibt, indem er die Wunden unserer Sünden streichelt«. Dieser großen Zärtlichkeit Gottes hat Papst Franziskus die Predigt der Messe gewidmet, die er am Montag, 7. April, im Haus Santa Marta feierte ...

Im Tagesevangelium (*Joh* 8,1–11) wird die Geschichte der Ehebrecherin erzählt. »Wir begegnen Jesus: Er saß da, unter sehr vielen Menschen, als Katechet, er lehrte.« Dann »näherten sich ihm die Schriftgelehrten und die Pharisäer mit einer Frau, die sie herbeizerrten, vielleicht mit gefesselten Händen, wir können es uns vorstellen.« Und so »stellten sie sie in die Mitte und beschuldigten sie: Das ist eine Ehebrecherin!« Sie »klagten sie öffentlich an«. Und, so berichtet das Evangelium, sie stellten Jesus eine Frage: »Was müssen wir tun mit dieser Frau? Du sprichst über die Güte, aber Mose hat uns im Gesetz vorgeschrieben, dass wir sie töten sollen!« Sie »sagten das«, merkte der Papst an, »um ihn auf die Probe zu stellen, um einen Vorwand zu haben, um ihn anzuklagen.« In der Tat, »wenn Jesus gesagt hätte: ja, fangt mit der Steinigung an«, dann hätten sie die Möglichkeit gehabt, zu den Leuten zu sagen: »Ach, ist das euer ach so guter Meister?

Schaut, was er dieser armen Frau angetan hat!« Wenn Jesus hingegen »gesagt hätte: nein, die arme Frau, vergebt ihr!«, dann hätten sie ihn beschuldigen können, »das Gesetz nicht zu erfüllen«. Ihr einziges Ziel sei gewesen, Jesus »auf die Probe zu stellen und ihm eine Falle zu stellen«. »Die Frau war ihnen völlig gleichgültig; die Ehebrecher waren ihnen gleichgültig.« Ja, »vielleicht waren einige von ihnen sogar selbst Ehebrecher.« Jesus seinerseits wollte, obwohl viele Menschen ihn umringten, »mit der Frau allein zurückbleiben, er wollte das Herz dieser Frau ansprechen: das ist für Jesus das Wichtigste«. Und »das Volk war allmählich weggegangen«, nachdem es seine Worte gehört hatte: »Wer von euch ohne Sünde ist, werfe als Erster einen Stein auf sie.«

»Das Evangelium«, so kommentierte der Bischof von Rom, »berichtet mit einer gewissen Ironie, dass alle weggegangen seien, einer nach dem anderen, angefangen bei den Ältesten: Man sieht, dass sie in der Himmelsbank ein schönes Sündenkonto eröffnet hatten!« Nun sei »der Augenblick des Beichtvaters Jesus gekommen«. Er bleibe »allein mit der Frau«, die »da in der Mitte« stehengeblieben sei. In der Zwischenzeit »hatte sich Jesus gebückt und mit dem Finger auf die Erde geschrieben. Einige Exegeten sagen, dass Jesus die Sünden dieser Schriftgelehrten und Pharisäer niedergeschrieben habe. Vielleicht ist das auch nur Einbildung.« Dann »richtete er sich auf und schaute« die Frau an, die »sich sehr schämte, und sagte zu ihr: ›Frau, wo sind sie geblieben? Hat dich keiner verurteilt?‹ Wir sind allein hier, du und ich. Du im Angesicht Gottes. Ohne Beschuldigungen, ohne Gerede: Du und Gott.«

Die Frau erkläre nicht etwa, ein Opfer »falscher Anschuldigungen« geworden zu sein, sie verteidige sich nicht, indem sie behaupte: »Ich habe keinen Ehebruch begangen.« Nein, »sie gesteht ihre Sünde« und antwortet Jesus: »Keiner, Herr, hat mich verurteilt.« Jesus seinerseits sage zu ihr: »›Auch ich verurteile dich nicht. Geh und sündige von jetzt an nicht mehr‹, um keine solche Schande zu erleben, um Gott nicht zu beleidigen, um nicht die schöne Beziehung zwischen Gott und seinem Volk zu beflecken.«

Also »vergibt Jesus. Aber wir haben es hier mit etwas mehr als der Vergebung zu tun. Denn Jesus geht als Beichtvater über das Gesetz hinaus.« In der Tat »sagte das Gesetz, dass sie bestraft werden musste«. Im Übrigen war Jesus »ohne Sünde und hätte den ersten Stein werfen können«. Aber er »geht darüber hinaus. Er sagt nicht zu ihr: Der Ehebruch ist keine Sünde. Aber er verurteilt sie nicht nach dem Gesetz.« Genau das »ist das Geheimnis der Barmherzigkeit Jesu«. So gehe »Jesus, um Barmherzigkeit zu üben«, über »das Gesetz hinaus, das die Steinigung vorschrieb«. Er gehe so weit, zu der Frau zu sagen, sie solle in Frieden gehen. »Die Barmherzigkeit«, so erläuterte der Papst, »ist etwas, das schwer zu verstehen ist: Sie tilgt die Sünden nicht«, denn was die Sünden tilgt, »ist die Vergebung Gottes«.

Aber »die Barmherzigkeit ist die Art und Weise, auf die Gott vergibt«. Denn »Jesus hätte sagen können: Aber ich vergebe dir, geh! Wie er zu jenem Gelähmten gesagt hat: Deine Sünden sind dir vergeben!« In dieser Situation »geht Jesus noch darüber hinaus« und er empfehle der Frau, »nicht mehr zu sündigen«. Und »hier sieht man das barmherzige Verhalten Jesu: Er verteidigt die Sünder vor ihren Feinden, er verteidigt den Sünder vor einer gerechten Verurteilung.«

Das, so fügte der Papst hinzu, »gilt auch für uns«. Und er bekräftigte: »Wie viele von uns würden doch verdienen, eine Strafe zu erhalten! Und sie wäre auch gerecht. Aber er vergibt!« Wie? »Mit dieser Barmherzigkeit«, die »die Sünde nicht auslöscht: es ist die Vergebung Gottes, die sie auslöscht«, während »die Barmherzigkeit noch darüber hinausgeht«. Sie sei »wie der Himmel: Wir schauen den Himmel an, die vielen Sterne, aber wenn am Morgen die Sonne aufgeht, dann kann man vor lauter Licht die Sterne nicht mehr sehen.« Und »so ist die Barmherzigkeit Gottes: ein großes Licht der Liebe, der Zärtlichkeit«. Denn »Gott vergibt nicht per Dekret, sondern mit einer Liebkosung«. Er tue das, »indem er die Wunden unserer Sünden streichelt, denn er hat Teil an der Vergebung, er hat Teil an unserem Heil.«

Auf diese Weise, so schloss Papst Franziskus, »ist Jesus Beichtvater«. Er demütige die ehebrecherische Frau nicht, »er sagt nicht zu ihr: Was hast du getan, wann hast du es getan, wie hast du es getan und mit wem hast du es getan?« Er sage dagegen zu ihr, sie solle »gehen und nicht mehr sündigen: Das ist die große Barmherzigkeit Gottes, die große Barmherzigkeit Jesu: uns zu vergeben, indem er uns liebkost«.

(Frühmesse, 7.4.2014)

Joh 11: Die Auferweckung des Lazarus

Vor dem versiegelten Grab des Freundes Lazarus »rief er mit lauter Stimme: Lazarus, komm heraus! Da kam der Verstorbene heraus; seine Füße und Hände waren mit Binden umwickelt, und sein Gesicht war mit einem Schweißtuch verhüllt« (V. 43–44). Dieser gebietende Ruf gilt jedem Menschen, da wir alle vom Tod gezeichnet sind, wir alle; es ist die Stimme dessen, der der Herr des Lebens ist und will, dass alle »es in Fülle haben« (*Joh* 10,10). Christus findet sich nicht mit den Gräbern ab, die wir uns mit unseren Entscheidungen für das Böse und den Tod, mit unseren Fehlern, mit unseren Sünden geschaffen haben. Er findet sich damit nicht ab! Er lädt uns ein, ja fast befiehlt er uns, aus dem Grab herauszukommen, in das unsere Sünden uns haben sinken lassen. Er ruft uns eindringlich, aus der Finsternis des Gefängnisses herauszutreten, in das wir uns eingeschlossen haben, weil wir uns mit einem falschen, egoistischen, mittelmäßigen Leben begnügt haben. »Komm heraus!«, sagt er uns, »komm heraus!« Das ist eine schöne Einladung zur wahren Freiheit, eine Einladung, sich von diesen Worten Jesu ergreifen zu lassen, die er heute einem jeden von uns wiederholt. Eine Einladung, uns von den »Binden« befreien zu lassen, von den Binden des Stolzes.

Denn der Stolz macht uns zu Sklaven, zu Sklaven unserer selbst, zu Sklaven so vieler Götzen, so vieler Dinge. Unsere Auferstehung beginnt hier: Wenn wir uns entscheiden, diesem Befehl Jesu zu gehorchen und ans Licht, ins Leben hinauszugehen; wenn von unserem Gesicht die Masken abfallen – viele Male tragen wir die Maske der Sünde, die Masken müssen fallen! – und wir neu den Mut unseres ursprünglichen Gesichts finden, das nach dem Bild und Gleichnis Gottes geschaffen wurde.

Die Geste Jesu, der Lazarus auferweckt, zeigt, wie weit die Kraft der Gnade Gottes gehen kann, und somit, bis wohin unsere Umkehr, unsere Veränderung reichen kann. Doch hört gut zu: Die allen angebotene göttliche Barmherzigkeit kennt keine Grenzen! Die allen angebotene göttliche Barmherzigkeit kennt keine Grenzen! Behaltet diesen Satz gut im Gedächtnis. Und wir können es alle gemeinsam wiederholen: »Die allen angebotene göttliche Barmherzigkeit kennt keine Grenzen.« Sagen wir es zusammen: »Die allen angebotene göttliche Barmherzigkeit kennt keine Grenzen.« Der Herr ist immer bereit, den Grabstein unserer Sünden wegzuheben, der uns von ihm, dem Licht der Lebenden, trennt.

(Angelus, 6. 4. 2014)

9 – An Tätige der Barmherzigkeit

Barmherzigkeit definiert man nicht – man praktiziert sie. Von dieser Überzeugung geleitet, äußert sich Papst Franziskus immer wieder mal (vor allem in seinen Frühmessen in der vatikanischen Casa Santa Marta) abschätzig über »Schriftgelehrte«, »Doktoren« und »Theologen«, die die Menschen in unbarmherzige »geschlossene Systeme« einsperren, statt offen zu sein für das überraschende Wirken Gottes und anderen den Zutritt zum Heil zu gewähren. Dem Vernehmen nach hat der römische Oberrabbiner Riccardo Di Segni den Papst einmal gebeten, das Schriftgelehrten-Bashing einzustellen, aber vergebens: Franziskus braucht diese Negativ-Folie, um das konkrete Tun, das konkrete Praktizieren der Barmherzigkeit umso heller strahlen zu lassen.

Der Argentinier, der früher immer wieder mal mit Metro und Bus in die Elendsviertel am Stadtrand von Buenos Aires fuhr, um ein paar Stunden mit den Rand-Menschen zu verbringen, lässt nach seiner Wahl auf den Stuhl des Petrus keine Gelegenheit aus, mit »Machern« der Barmherzigkeit zusammenzutreffen. Auf Reisen, ob innerhalb Italiens oder ins Ausland, sucht er in der Regel auch ein Gefängnis auf, um den Häftlingen Mut zuzusprechen und dabei eindringlich zu wiederholen, jeder könne zu Fall kommen, auch mehrmals hintereinander; wichtig sei, dass man jedes Mal wieder aufstehe und von Neuem losgehe. Gern trifft sich der Papst auch mit Arbeitslosen, um sich ihren Ruf nach Arbeit und Würde – zwei Dinge, die aus seiner Sicht eng zusammengehören – zu eigen zu machen.

Ein paar – bei Weitem nicht alle – Ansprachen bei Begegnungen des Heiligen Vaters mit »Machern« der Barmherzigkeit sind in diesem Kapitel zusammengetragen. Die erste Rede – ein starker Auftakt – ist an die Caritas in Assisi gerichtet, und zwar in dem historischen Saal, in dem einst Franz von Assisi demonstrativ alle Kleider abgeworfen hatte, um sich von seinen Eltern loszusagen und unter den Schutz der Kirche zu stellen. Franziskus sinniert darüber, was Entkleidung, Entblößung im Sinn des heiligen Franz bedeutet: denen nahezukommen, die vom Leben unbarmherzig behandelt worden sind. Der zweite Text – die Predigt bei einem Bußgottesdienst – geht wieder einmal auf das Lieblingsgleichnis des Papstes ein, die Erzählung Jesu vom verlorenen Sohn. Schon bei seiner Übernahme der Basilika San Giovanni in Laterano hatte er ausführlich über dieses Gleichnis gesprochen (siehe oben, am Ende von Kapitel 3), jetzt fügt er die schöne Beobachtung hinzu, dass der Vater des verlorenen Sohns sich nicht nur zum reuigen Rückkehrer barmherzig verhält, sondern auch zu seinem älteren Sohn, dessen Herz verhärtet ist. Die »Aktion 24 Stunden für den Herrn«, auf die sich Franziskus bezieht, war eine vom Päpstlichen Neuevangelisierungsrat organisierte Stadtmission auf Plätzen in der römischen Innenstadt.

Die im dritten Text angesprochene Gemeinschaft von Sant'Egidio ist eine Basisgemeinschaft im römischen Stadtviertel Trastevere, vor Jahrzehnten vom Hochschullehrer Andrea Riccardi mit einigen Studenten gegründet und längst zu einer engagierten, im Wesentlichen von Laien getragenen Bewegung mit Ablegern in mehreren Teilen der Welt herangewachsen. Sie engagiert sich im sozialen Bereich, führt ökumenische und interreligiöse Begegnungen durch, versucht Friedensverhandlungen in Bürgerkriegsländern anzuschieben und kämpft gegen die Todesstrafe; einige nennen sie die »UNO von Trastevere«. Franziskus führt

Sant'Egidio gegenüber aus, wie wichtig Solidarität, Mitleid, Zärtlichkeit für eine Gesellschaft sind.

In seiner Rede für die von Ordensleuten geleitete Gemelli-Klinik in Rom bietet der Papst dann einen schönen Einblick in seine Theologie: Er zeigt, wie sich Gottes Absolutheit und seine Menschwerdung zusammendenken lassen. Und gegenüber Bruderschaften, die für Barmherzigkeit eintreten, ruft er schließlich aus: »Zu viele Worte, zu viele Worte«, es werde zu viel von Barmherzigkeit gesprochen und zu wenig getan. Siehe oben ...

Keine Christen aus der Konditorei

Mein Mitbruder im Bischofsamt [gemeint ist der Bischof von Assisi, *Anm. d. Hrsg.*] hat gesagt, dass heute zum ersten Mal seit 800 Jahren ein Papst hierherkommt. In den letzten Tagen ist in den Zeitungen, in den Kommunikationsmitteln, viel fantasiert worden. »Der Papst geht dorthin, um die Kirche zu ›entkleiden‹!« »Was wird er die Kirche ablegen lassen?« »Die Gewänder der Bischöfe, der Kardinäle; er wird bei sich selbst beginnen.«

Es ist ein guter Anlass, die Kirche aufzufordern, sich zu »entkleiden«. Aber die Kirche sind wir alle! Alle! Angefangen beim ersten Getauften sind wir alle Kirche. Und wir alle müssen den Weg Jesu gehen, der selbst den Weg der »Entkleidung«, der Entäußerung, gegangen ist. So wurde er zum Knecht, zum Diener; er wollte sich demütigen bis zum Kreuzesopfer. Und wenn wir Christen sein wollen, dann gibt es keinen anderen Weg. Können wir denn kein Christentum machen, das ein bisschen menschlicher ist – sagen die einen –, ohne Kreuz, ohne Jesus, ohne »Entkleidung«? Auf diese Weise würden wir »Christen aus der Konditorei« werden; Christen, die wie schöne Torten sind, wie schöne, süße Dinge! Schön zwar, aber doch alles andere als Christen! Der eine oder andere wird fragen: »Doch wessen muss sich die Kirche entledigen?« Sie muss sich heute einer großen Gefahr entledigen, die jede Person in der Kirche bedroht, uns alle: die Gefahr der Weltlichkeit. Der Christ kann nicht mit dem Geist der Weltlichkeit leben. Der Weltlichkeit, die zur Eitelkeit führt, zur Anmaßung, zum Hochmut. Und das ist ein Götze – nicht Gott. Es ist ein Götze! Und der Götzendienst ist die schlimmste Sünde!

Wenn in den *Medien* von der Kirche gesprochen wird, dann meint man, die Kirche wären die Priester, die Ordensschwestern, die Bischöfe, die Kardinäle und der Papst. Dabei sind doch, wie ich bereits sagte, wir alle die Kirche. Und wir alle müssen diese Weltlichkeit ablegen: den Geist, der dem Geist der Seligpreisungen entgegengesetzt ist; den Geist, der das Gegenteil des Geistes Jesu ist. Die Weltlichkeit tut uns nicht gut. Es ist sehr traurig, wenn man einem Christen begegnet, der dem Geist der Welt verfallen ist und meint, die Sicherheit zu haben, die ihm der Glaube gibt, und auch die, die ihm die Welt gibt. Man kann nicht auf beiden Seiten zugleich agieren. Die Kirche – wir alle – müssen die Weltlichkeit ablegen, die zur Eitelkeit führt, zum Stolz, zum Götzendienst.

Jesus selbst hat gesagt: »Niemand kann zwei Herren dienen: entweder dient man Gott oder dem Geld« (vgl. *Mt* 6,24). Im Geld lag dieser ganze weltliche Geist; Geld, Eitelkeit, Hochmut, dieser Weg ... das dürfen wir nicht ... es ist traurig, wenn wir mit der einen Hand auslöschen, was wir mit der anderen schreiben. Das Evangelium ist das Evangelium! Gott ist einzig! Jesus hat sich für uns zum Knecht gemacht und der Geist der Welt hat damit nichts zu tun. Ich bin heute hier bei euch. Viele von euch sind von dieser erbarmungslosen Welt »entkleidet« worden, in der es keine Arbeit gibt, in der es keine Hilfe gibt; der es gleichgültig ist, ob es auf der Welt Kinder gibt, die verhungern; der es gleichgültig ist, dass viele Familien nichts zu essen haben und denen die Würde fehlt, ihre Familie ernähren zu können; der es gleichgültig ist, dass viele Menschen auf der Flucht sind vor Sklaverei und Hunger und dass sie flüchten müssen, um Freiheit zu suchen … Diese Dinge bewirkt der Geist der Welt. Es ist ganz einfach lächerlich, wenn ein Christ – ein wahrer Christ –, ein Priester, eine Ordensfrau, ein Bischof, ein Kardinal, ein Papst diesen Weg der Weltlichkeit gehen will, was ein selbstmörderisches Vorhaben ist. Die geistliche Weltlichkeit tötet! Sie tötet die Seele! Sie tötet die Personen! Sie tötet die Kirche!

Als sich Franziskus hier in einer symbolischen Geste seiner Kleider entledigte, war er ein junger Mann und hatte nicht die Kraft dazu. Die Kraft Gottes hat ihn dazu getrieben, das zu tun; die Kraft Gottes, die uns an das erinnern wollte, was uns Jesus über den Geist der Welt gesagt hat; an das, worum Jesus den Vater gebeten hat: dass uns der Vater vor dem Geist der Welt bewahre. Heute bitten wir hier um Gnade für alle Christen. Der Herr schenke uns allen den Mut, uns frei zu machen – aber nicht von 20 Lire, sondern vom Geist der Welt, der die Lepra, das Krebsgeschwür unserer Gesellschaft ist! Er ist das Krebsgeschwür der Offenbarung Gottes! Der Geist der Welt ist der Feind Jesu! Ich bitte den Herrn, dass er uns allen diese Gnade schenken möge, uns frei zu machen. Danke!

(Stegreif-Ansprache bei einer Begegnung mit Armen in Assisi, 4.10.2013)

Der Vater liebt auch den unbarmherzigen Sohn

Die Liebe Jesu Christi dauert für immer, sie wird niemals zu Ende gehen, weil sie das Leben Gottes selbst ist. Diese Liebe besiegt die Sünde und verleiht die Kraft, wiederaufzustehen und neu anzufangen, weil sich das Herz durch die Vergebung erneuert und verjüngt. Alle wissen wir das: Unser Vater wird niemals müde zu lieben und seine Augen werden nicht müde, wenn er auf den Weg nach Hause blickt, um zu sehen, ob der Sohn, der weggegangen ist und verloren war, zurückkehrt. Wir können von der Hoffnung Gottes sprechen: Unser Vater erwartet uns immer, er lässt nicht nur die Tür für uns offen, sondern er erwartet uns. Er nimmt Teil an diesem Warten auf die Kinder. Und dieser Vater wird genauso wenig müde, den anderen Sohn zu lieben, der, obwohl er immer bei ihm im Haus geblieben ist, dennoch seine Barmherzigkeit, sein Mitleid nicht teilt. Gott ist nicht nur der Ursprung der Liebe, sondern er lädt uns in Jesus Christus ein, seine Art zu lieben nachzuahmen: »Wie ich euch geliebt habe, so sollt auch ihr einander lieben« (*Joh* 13,34). In dem Maße, in dem die Christen diese Liebe leben, werden sie in der Welt zu glaubwürdigen Jüngern Christi. Die Liebe kann es nicht ertragen, in sich selbst verschlossen zu bleiben. Von ihrer Natur her ist sie offen, verbreitet sich und ist fruchtbar, ruft immer neue Liebe hervor.

Liebe Brüder und Schwestern, nach diesem Gottesdienst werden viele von euch zu Missionaren werden, um anderen die Erfahrung der Versöhnung mit Gott vorzuschlagen. »24 Stunden für den Herrn« heißt die Initiative, an der sich viele Diözesen in der ganzen Welt beteiligen. Allen, denen ihr begegnet, könnt ihr die Freude vermitteln, vom Vater Vergebung zu empfangen und die volle Freundschaft mit ihm wiederzufinden.

Und ihr werdet ihnen sagen, dass unser Vater auf uns wartet, dass unser Vater uns vergibt, noch mehr: dass er ein Fest veranstaltet. Wenn du mit deinem ganzen Leben zu ihm gehst, auch mit deinen vielen Sünden, dann feiert er ein Fest, statt dich zu tadeln: So ist unser Vater. Das müsst ihr sagen, vielen Menschen sagen, heute. Wer die Barmherzigkeit Gottes erfährt, fühlt sich dazu gedrängt, bei den Letzten und den Armen zum Urheber von Barmherzigkeit zu werden. In diesen »unseren geringsten Brüdern« wartet Jesus auf uns (vgl. *Mt* 25,40). Empfangen wir Barmherzigkeit und schenken wir Barmherzigkeit! Gehen wir ihm entgegen, und wir werden das Osterfest in der Freude Gottes feiern!

(Bußgottesdienst in St. Peter, 28.3.2014)

Die Revolution des Mitleids und der Zärtlichkeit

Liebe Freunde! Ich bin gekommen, um die Gemeinschaft Sant'Egidio hier in Trastevere zu besuchen, wo sie entstanden ist. Danke für euren herzlichen Empfang! Wir sind hier versammelt um Christus, der aus der Höhe des Mosaiks mit einem zärtlichen und tiefen Blick auf uns schaut, gemeinsam mit der Jungfrau Maria, die er umarmt. Diese altehrwürdige Basilika ist für viele Römer und Pilger zu einem Ort des täglichen Gebets geworden. Im Zentrum der Stadt zu beten bedeutet nicht, die menschlichen und städtischen Randgebiete zu vergessen. Es bedeutet, hier das Evangelium der Liebe zu hören und anzunehmen, um auf die Brüder und Schwestern in den Randgebieten der Stadt und der Welt zuzugehen!

Dazu ist jede Gemeinde, jede Gemeinschaft aufgerufen im hektischen und zuweilen verwirrenden Leben der Stadt. Alles beginnt mit dem Gebet. Das Gebet bewahrt den anonymen Menschen der Stadt vor Versuchungen, die auch die unseren sein können: vor dem Geltungsdrang, bei dem sich alles um einen selbst dreht, vor der Gleichgültigkeit, vor der Neigung zu Selbstmitleid. Das Gebet ist das erste Werk eurer Gemeinschaft, und es besteht darin, auf das Wort Gottes zu hören – dieses Brot, das Brot, das uns Kraft gibt, das uns weitergehen lässt –, aber auch darin, den Blick auf ihn zu richten wie in dieser Basilika: »Blickt auf zu ihm, so wird euer Gesicht leuchten, und ihr braucht nicht zu erröten«, heißt es im *Psalm* (34,6).

Wer auf den Herrn blickt, sieht die anderen. Auch ihr habt gelernt, die anderen zu sehen, besonders die Ärmsten; und ich wünsche euch, dass ihr lebt, was Prof. Riccardi gesagt hat: dass man bei euch diejenigen, die helfen, und die, denen geholfen wird, verwechseln kann. Eine Aufmerksamkeit, die langsam aufhört, Aufmerksamkeit zu sein, um Begegnung, Umarmung zu werden: Der Unterschied zwischen dem, der hilft, und dem, dem geholfen wird, verwischt sich. Wer ist der Protagonist? Beide, oder besser gesagt: die Umarmung. In den Armen ist Jesus gegenwärtig, der sich mit ihnen identifiziert. Der heilige Johannes Chrysostomus schreibt: »Der Herr nähert sich dir in der Haltung des Bedürftigen …«[18] Ihr seid und bleibt eine Gemeinschaft zusammen mit den Armen. Ich sehe unter euch auch viele alte Menschen. Ich freue mich, dass ihr Freunde für sie seid, die ihnen nahe sind. Der Umgang mit den Alten ist wie der mit den Kindern ein Indiz, um die Qualität einer Gesellschaft zu erkennen.

Wenn die alten Menschen ausgegrenzt werden, wenn die Alten isoliert werden und zuweilen ohne Zuneigung sterben, dann ist das ein schlechtes Zeichen! Wie gut dagegen ist dieses Bünd-

---

[18] *In Matthaeum Homil.* LXVI, 3: *PG* 58,629.

nis, das ich hier sehe, zwischen Jung und Alt, in dem alle geben und empfangen! Die alten Menschen und ihr Gebet sind ein Reichtum für Sant'Egidio. Ein Volk, das die Alten nicht behütet und sich nicht um seine jungen Menschen kümmert, ist ein Volk ohne Zukunft, ein Volk ohne Hoffnung. Denn die Jungen – die Kinder, die Jugendlichen – und die Alten bringen die Geschichte voran. Die Kinder, die Jugendlichen mit ihrer biologischen Kraft, das ist richtig. Die Alten, indem sie ihre Erinnerung geben. Wenn aber eine Gesellschaft ihre Erinnerung verliert, dann ist sie am Ende, sie ist am Ende. Es ist schlimm, eine Gesellschaft, ein Bevölkerung, eine Kultur zu sehen, die ihre Erinnerung verloren haben. Die 90-jährige Großmutter, die gesprochen hat – bravo! –, hat uns gesagt, dass man dieses Mittel der Ausgrenzung angewandt hat, diese Wegwerfkultur. Um ein derartiges Gleichgewicht zu erhalten, bei dem im Zentrum der Weltwirtschaft nicht Mann und Frau stehen, sondern der Götze Geld, ist es notwendig, Dinge zu beseitigen. Man beseitigt die Kinder: keine Kinder. Denken wir nur an die Geburtenrate in Europa: in Italien, Spanien, Frankreich … Und man beseitigt die alten Menschen aufgrund von Einstellungen, hinter denen eine versteckte Euthanasie steht, eine Form der Euthanasie. Sie nützen nichts, und das, was zu nichts nütze ist, wird weggeworfen. Was nicht produktiv ist, wird ausgesondert. Und heute ist die Krise so groß, dass man die jungen Menschen ausgrenzt: wenn wir an diese 75 Millionen junger Menschen unter 25 denken, die »weder – noch« sind: weder Arbeit noch Studium.

Sie sind ohne alles. Das geschieht heute, in diesem müden Europa, wie sie gesagt hat. In diesem Europa, das müde geworden ist; es ist nicht alt geworden, nein, es ist müde. Ich weiß nicht, was man da tun soll. Ein Freund hat mir vor einiger Zeit eine Frage gestellt, und zwar, warum ich nicht von Europa spreche.

Ich habe ihm eine Falle gestellt und zu ihm gesagt: »Haben Sie zugehört, als ich über Asien gesprochen habe?«, und er hat gemerkt, dass es eine Falle war. Heute spreche ich über Europa. Europa ist müde. Wir müssen ihm helfen, sich zu verjüngen, seine Wurzeln zu finden. Es ist wahr: Es hat seine Wurzeln verleugnet. Das ist wahr. Aber wir müssen ihm helfen, sie wiederzufinden. Bei den Armen und den alten Menschen beginnt man, um die Gesellschaft zu verändern.

Jesus sagt über sich selbst: »Der Stein, den die Bauleute verworfen haben, er ist zum Eckstein geworden« (*Mt* 21,42). Auch die Armen sind in gewisser Weise »Eckstein« für den Aufbau der Gesellschaft. Heute macht eine Spekulationswirtschaft sie leider immer ärmer und nimmt ihnen die Grundlagen wie Haus und Arbeit. Das ist inakzeptabel! Wer die Solidarität lebt, der akzeptiert das nicht und handelt. Und viele wollen dieses Wort »Solidarität« aus dem Wörterbuch streichen, weil es für eine gewisse Kultur ein Schimpfwort zu sein scheint. Nein! Es ist ein christliches Wort: Solidarität! Und deshalb seid ihr Familie für die Obdachlosen, Freunde der Menschen mit Behinderung, die – wenn sie geliebt werden – so viel Menschlichkeit zum Ausdruck bringen. Ich sehe hier außerdem viele »neue Europäer«, Migranten, die hierhergekommen sind auf leidvollen und gefährlichen Reisen. Die Gemeinschaft nimmt sie fürsorglich auf und zeigt, dass der Fremde unser Bruder ist, der als solcher erkannt und dem geholfen werden muss. Und das verjüngt uns.

Von hier, von Santa Maria in Trastevere aus richte ich meinen Gruß an die Mitglieder eurer Gemeinschaft in anderen Ländern der Welt. Ich ermutige auch sie, Freunde Gottes, der Armen und des Friedens zu sein: Wer so lebt, wird Segen im Leben finden und ein Segen für die anderen sein. In einigen Ländern, die unter Krieg leiden, versucht ihr, die Hoffnung auf Frieden lebendig zu erhalten. Sich für den Frieden einzusetzen, zeigt keine schnellen Resultate, aber es ist eine Arbeit geduldiger Handwerker, die das Einende suchen und das Trennende beiseitelegen, wie der heilige Johannes XXIII. zu sagen pflegte. Mehr Gebet und mehr Dialog sind nötig: Das ist absolut notwendig. Die Welt erstickt ohne Dialog. Aber der Dialog ist nur ausgehend von der eigenen Identität möglich. Ich kann nicht so tun, als hätte ich eine andere Identität, um einen Dialog zu führen. Nein, so kann man keinen Dialog führen. Ich habe diese Identität, aber ich führe einen Dialog, weil ich Person bin, weil ich Mann bin, Frau bin und Mann und Frau haben diese Fähigkeit zum Dialog, ohne die eigenen Identität zu verhandeln. Die Welt erstickt ohne Dialog; deshalb tragt auch ihr dazu bei, die Freundschaft zwischen den Religionen zu fördern.

Geht diesen Weg weiter: Gebet, Arme und Frieden. Und wenn ihr so vorangeht, dann tragt ihr dazu bei, im Herzen der Gesellschaft das Mitleid wachsen zu lassen – was die wahre Revolution ist, die des Mitleids und der Zärtlichkeit –, die Freundschaft wachsen zu lassen an Stelle der Spukgestalten von Feindschaft und Gleichgültigkeit. Jesus, der Herr, der oben auf dem Mosaik seine allerheiligste Mutter umarmt, stütze euch überall und umarme euch in seiner Barmherzigkeit alle gemeinsam mit ihr. Wir brauchen das, wir brauchen das sehr. Das ist die Zeit der Barmherzigkeit. Ich bete für euch, und betet für mich! Danke.

(Besuch bei Sant'Egidio in Trastevere, 15.6.2014)

Gott ist nur in der Liebe absolut

»Der Herr hat euch ins Herz geschlossen und ausgewählt« (*Dtn* 7,7).

Gott hat uns ins Herz geschlossen, er hat uns ausgewählt, und diese Verbindung hat für immer Bestand – nicht so sehr, weil wir treu sind, sondern weil der Herr treu ist und unsere Untreue, unsere Trägheit, unser Fallen erträgt. Gott hat keine Angst, sich zu binden. Das mag uns seltsam erscheinen: Manchmal nennen wir Gott den »Absoluten«, was wörtlich »losgelöst, unabhängig, grenzenlos« bedeutet. In Wirklichkeit jedoch ist unser Vater immer nur in der Liebe »absolut«: Aus Liebe schließt er einen Bund mit Abraham, mit Isaak, mit Jakob und so weiter. Er liebt Bindungen, er schafft Bindungen; Bindungen, die befreien, nicht einengen.

Mit den Worten des Psalms haben wir wiederholt: »Die Huld des Herrn währt immer und ewig« (*Ps* 103,17). Von uns Männern und Frauen heißt es dagegen in einem anderen Psalm: »Unter den Menschen gibt es keine Treue mehr« (*Ps* 12,2). Besonders heute ist die Treue ein Wert, der in die Krise geraten ist, weil wir versucht sind, immer eine Veränderung zu suchen, eine angebliche Neuheit und dabei die Wurzeln unseres Lebens, unseres Glaubens verhandeln. Ohne Treue zu ihren Wurzeln kommt eine Gesellschaft jedoch nicht voran: Sie kann große technische Fortschritte machen, aber keinen ganzheitlichen Fortschritt des ganzen Menschen und aller Menschen.

Die treue Liebe Gottes zu seinem Volk wurde in ganzer Fülle offenbart und verwirklicht in Jesus Christus, der sich – um die Bindung Gottes an sein Volk zu ehren – zu unserem Sklaven gemacht, seiner Herrlichkeit entäußert hat und wie ein Sklave geworden ist. In seiner Liebe hat er angesichts unserer Undankbarkeit nicht aufgegeben, und nicht einmal angesichts unserer Zurückweisung. Das ruft uns der heilige Paulus in Erinnerung: »Wenn wir untreu sind, bleibt er – Jesus – doch treu, denn er kann sich selbst nicht verleugnen« (2 *Tim* 2,13). Jesus bleibt treu, er verrät uns niemals, auch wenn wir einen Fehler gemacht haben. Er wartet immer auf uns, um uns zu vergeben: Er ist das Antlitz des barmherzigen Vaters.

Diese Liebe, diese Treue des Herrn offenbart die Demut seines Herzens: Jesus ist nicht gekommen, um die Menschen zu erobern wie die Könige und die Mächtigen dieser Welt, sondern er ist gekommen, um mit Güte und Demut Liebe zu bringen. So hat er sich selbst bezeichnet: »Lernt von mir; denn ich bin gütig und von Herzen demütig« (*Mt* 11,29). Und der Sinn des Hochfestes vom Heiligsten Herzen Jesu, das wir heute feiern, besteht darin, die demütige Treue und die Güte der Liebe Christi, Offenbarung der Barmherzigkeit des Vaters, immer mehr zu entdecken und uns in sie hineinnehmen zu lassen. Wir können die Zärtlichkeit dieser Liebe in jedem Abschnitt des Lebens erfahren und kosten: in der Zeit der Freude und in der Zeit der Trauer, in der Zeit der Gesundheit und in der Zeit des Leidens und der Krankheit.

Die Treue Gottes lehrt uns, das Leben als Ereignis seiner Liebe anzunehmen, und lässt uns diese Liebe den Brüdern bezeugen in einem demütigen und gütigen Dienst. Dazu sind besonders die Ärzte und Mitarbeiter in diesem Polyklinikum berufen, das zur Katholischen Universität »Sacro Cuore« gehört. Hier bringt jeder von euch den Kranken etwas von der Liebe des Herzens Christi, und er tut es mit Kompetenz und Sachkenntnis. Das bedeutet, den Grundwerten treu zu bleiben, die Pater Gemelli der Hochschule der italienischen Katholiken zugrundegelegt hat, um die vom Glauben erleuchtete wissenschaftliche Forschung mit der Ausbildung qualifizierter christlicher Fachleute zu verbinden.

Liebe Brüder, in Christus betrachten wir die Treue Gottes. Jede Geste, jedes Wort Jesu lässt die barmherzige und treue Liebe des Vaters durchscheinen.

Vor ihm fragen wir uns also: Wie ist es um meine Nächstenliebe bestellt? Kann ich treu sein? Oder bin ich unbeständig, folge ich meinen Launen und meinen Vorlieben? Jeder von uns kann im eigenen Gewissen antworten. Vor allem aber können wir zum Herrn sagen: Herr Jesus, mach mein Herz deinem Herzen immer ähnlicher, erfülle es mit Liebe und Treue!

(Vorbereitete Predigt in der Gemelli-Klinik in Rom,

27. 6. 2014)

Zu viele Worte, zu viele Worte!

Liebe Brüder und Schwestern, guten Tag!

Ich richte meinen Gruß an euch alle, die ihr zur Organisation »Misericordie« Italiens gehört, sowie an die Gruppen der »Fratres«, an eure Familienangehörigen und an die Menschen, die von euch betreut werden und die sich der Wallfahrt anschließen konnten. …

Die Mitglieder der »Misericordie« – ein alter Begriff des katholischen Laienstandes und tief verwurzelt im italienischen Territorium – tragen dazu bei, das Evangelium der Nächstenliebe unter den Kranken, Alten, Behinderten, Minderjährigen, Emigranten und Armen zu bezeugen. All euer Dienst findet seinen Sinn und nimmt Form an im Wort »misericordia«, ein lateinisches Wort, das sich zusammensetzt aus »miseris cor dare«, »das Herz den Notleidenden geben«, den Bedürftigen, den Leidenden. Gerade das ist es, was Jesus vollbracht hat: Er hat sein Herz dem Leiden des Menschen geöffnet.

Das Evangelium ist reich an Episoden, die von der Barmherzigkeit Jesu und der Unentgeltlichkeit seiner Liebe zu den Leidenden und Schwachen berichten. In den Evangelien können wir die Nähe, die Güte, die Sanftmut Jesu sehen, mit denen er die Leidenden zu sich gerufen hat, ihnen Trost spendete, Linderung gab und sie oft heilte. Nach dem Beispiel unseres Meisters sind auch wir gerufen, den Menschen, denen wir begegnen, nahe zu sein und an ihrer Situation Anteil zu nehmen. Unsere Worte, unsere Gesten, unser Verhalten mögen Solidarität zum Ausdruck bringen und den Willen, dem Schmerz der anderen gegenüber nicht indifferent zu bleiben. Das soll mit brüderlicher Wärme geschehen, ohne dabei in eine Form des Paternalismus zu verfallen.

Wir verfügen über viele Informationen und Statistiken bezüglich der Armut und des menschlichen Leids. Es besteht die Gefahr, höchstinformierte und oberflächliche Zuschauer dieser Realität zu sein oder auch schöne Reden zu halten, die mit mündlichen Lösungen und einem Desinteresse gegenüber den wirklichen Problemen enden. Zu viele Worte, zu viele Worte, zu viele Worte! Es geschieht jedoch nichts! Das ist eine Gefahr. Es betrifft nicht euch, ihr arbeitet, ihr arbeitet gut! Die Gefahr besteht aber ... Wenn ich einige Gespräche mit anhöre unter Personen, die die statistischen Zahlen kennen: »Welche Barbarei, Pater! Welche Barbarei, welche Unmenschlichkeit, welche Grausamkeit!« »Was machst du gegen diese Barbarei?« Nichts, ich ergreife das Wort! Und das löst kein Problem! Worte haben wir viele gehört. Das, was wir brauchen, sind Taten, euer Handeln, das christliche Zeugnis, zu den Leidenden gehen, ihre Nähe suchen, wie Jesus es getan hat. Ahmen wir Jesus nach: Er geht durch die Straßen und hat weder die Armen, die Kranken noch die Behinderten, denen er auf dem Weg begegnet, eingeplant; bei der ersten Begegnung blieb er stehen und wurde zu einer Präsenz, die Hilfe bringt, zu einem Zeichen der Nähe Gottes, der Güte, Vorsehung und Liebe ist.

Die Tätigkeit eurer Vereinigungen inspiriert sich an den sieben leiblichen Werken der Barmherzigkeit, die ich gerne in Erinnerung rufe, denn es tut uns gut, sie erneut zu hören: Hungrige speisen; Durstige tränken; Nackte kleiden; Fremde beherbergen; Kranke pflegen; Gefangene besuchen; Tote bestatten. Ich ermutige euch, eure Aufgabe mit Freude voranzubringen und dem Vorbild Christi zu folgen, indem ihr offen seid für die Begegnung mit allen Leidenden und diese in der Not auf euch zählen können.

Liebe Brüder und Schwestern, ich danke euch! Danke noch einmal allen für das, was ihr tut. Danke! Mögen die »Misericordie« und die »Fratres«-Gruppen weiterhin Orte der Aufnahme und der Unentgeltlichkeit sein, im Zeichen der wahren barmherzigen Liebe für jeden Menschen. Der Herr segne euch und die Gottesmutter beschütze euch! Danke!

(Ansprache, 14.6.2014)

Barmherzigkeit ist der Fels

Die Erfahrung von Gottes Barmherzigkeit … muss allem, was ihr seid, und allem, was ihr tut, Gestalt geben. Eure Keuschheit, eure Armut und euer Gehorsam werden ein freudiges Zeugnis für Gottes Liebe sein in dem Maß, wie ihr fest auf dem Fels seiner Barmherzigkeit steht. Sie ist der Fels.

(Ansprache an eine Gemeinschaft gottgeweihter Männer und Frauen in Kkottongnae / Südkorea, 16.8.2014)

10 – Maria

Auch wenn die Marienverehrung gewissermaßen zu seiner latein-amerikanischen DNA gehört, stellt Papst Franziskus doch sehr unmissverständlich Christus ins Zentrum. Das geht so weit, dass er bestimmte Ausformungen des Marienglaubens in einer aus dem Stegreif formulierten Predigt auch mal unter »moderne Gno-sis« verbucht. Die Gottesmutter sei keine Botin, die an bestimmte »Seher« zu bestimmten Tageszeiten Botschaften übermittle, äu-ßerte er einmal mit einiger Schroffheit, als es ihm um »christliche Identität« ging. Und ohne weiter auf das Thema Privatoffenba-rungen einzugehen, fuhr er fort, das sei jedenfalls »keine christ-liche Identität«: »Das letzte Wort Gottes heißt ›Jesus‹ und nichts darüber hinaus« (Frühmesse, 9.6.2015; eigene Übersetzung).

Und trotzdem kann der Papst beim Thema Maria sehr lyrisch werden. In einer Live-Schaltung von Marien-Wallfahrtsorten in mehreren Teilen der Welt und in einem Gebet an der römischen Mariensäule in der Nähe der Spanischen Treppe spricht er sie als Mutter an; besonders aufschlussreich ist aber seine Predigt bei einer Marienfeier im – noch von Benedikt XVI. ausgerufenen und dann nach dessen Rücktritt von Franziskus weitergeführ-ten – »Jahr des Glaubens« 2013. Auch wenn es in dieser Predigt vor allem um den Glauben geht, landet der argentinische Brü-ckenbauer doch immer wieder beim Thema Barmherzigkeit. Der Glaube Mariens führt uns, sagt er zunächst, direkt zum barm-herzigen Gott; von ihrem »Ja« dem Engel Gabriel gegenüber zieht er dann eine direkte Linie zu den Werken der Barmher-zigkeit, die die Christen tun sollen, um auch heute – wie damals

Maria – Gottes Menschwerdung möglich zu machen; und wenn er dann drittens Mariens Glauben als Weg deutet, gibt ihm das die Gelegenheit zu sagen, was ein Christ auf diesem Weg von Jesus lernt – Barmherzigkeit nämlich.

Maria habe kein Amt gehabt, aber sie sei wichtiger als die Apostel, hat Franziskus einmal geäußert. Sein Zugang zu Maria ist ein emotional-betrachtender, nicht so sehr ein theologischer; sie ist eine »Mama« und kein Studienobjekt. In seiner Zeit als Jesuit hat er von einem Besuch in Augsburg ein Bild Mariens als »Knotenlöserin« mitgenommen nach Buenos Aires, und als ebendiese Knotenlöserin rühmt er sie in seiner Predigt als Papst. Die Verstrickungen, Schwierigkeiten, Verkrampfungen auflösen – das ist aus seiner Sicht Mariens Art und Weise der Barmherzigkeit.

So hat sie ihren Sohn angeschaut

Liebe Brüder und Schwestern, ich grüße alle Pilger, die in »Divino Amore« versammelt sind, und alle, die an den Marienheiligtümern von Lourdes, Nazareth, Lujan, Vailankanni, Guadalupe, Akita, Nairobi, Banneux, Częstochowa und Marian Valley mit uns verbunden sind.

Heute Abend weiß ich mich mit euch allen im Gebet des Rosenkranzes und in der Eucharistischen Anbetung unter dem Blick der Jungfrau Maria verbunden.

Der Blick! Wie wichtig ist er! Wie viel kann man mit einem Blick sagen! Zuneigung, Ermutigung, Mitleid, Liebe, aber auch Vorwurf, Neid, Stolz, sogar Hass. Oft sagt ein Blick mehr als Worte oder sagt das, was Worte nicht zu sagen vermögen oder wagen.

Auf wen blickt Maria? Sie blickt auf uns alle, auf einen jeden von uns. Und wie schaut sie uns an? Sie schaut uns an wie eine Mutter, voll Zärtlichkeit, Barmherzigkeit und Liebe. So hat sie ihren Sohn angeschaut in allen Momenten seines Lebens – in den freudenreichen, den lichtreichen, den schmerzhaften und den glorreichen Momenten, wie wir sie in den Geheimnissen des Rosenkranzes betrachten – und zwar einfach voll Liebe.

Wenn wir müde und entmutigt sind, wenn wir von den Problemen erdrückt werden, dann schauen wir auf Maria und spüren ihren Blick, der zu unserem Herzen spricht: »Nur Mut, mein Kind, ich bin da und stütze dich!« Die Muttergottes kennt uns gut, sie ist eine »Mama« und weiß wohl, welche unsere Freuden und Schwierigkeiten, unsere Hoffnungen und Enttäuschungen sind. Wenn wir die Last unserer Schwachheit, unserer Sünden spüren, dann schauen wir auf Maria, die zu unserem Herzen spricht: »Steh auf, geh zu meinem Sohn Jesus, bei ihm findest du Aufnahme, Barmherzigkeit und neue Kraft, um den Weg weiterzugehen.«

Der Blick Marias richtet sich nicht nur auf uns. Unter dem Kreuz, als Jesus den Apostel Johannes und mit ihm uns alle ihr mit den Worten »Frau, siehe dein Sohn« (*Joh* 19,26) anvertraut, da ist der Blick Marias fest auf Jesus gerichtet. Und Maria sagt uns wie bei der Hochzeit zu Kana: »Was er euch sagt, das tut« (*Joh* 2,5). Maria weist auf Jesus hin; sie lädt uns ein, Jesus zu bezeugen; sie führt uns immer zu ihrem Sohn Jesus, denn nur in ihm ist Heil, nur er kann das Wasser der Einsamkeit, der Schwierigkeit und der Sünde in den Wein der Begegnung, der Freude und der Vergebung verwandeln. Er allein.

»Selig ist die, die geglaubt hat!« (*Lk* 1,45). Maria ist selig wegen ihres Gottvertrauens, wegen ihres Glaubens; denn der Blick ihres Herzens war stets fest auf Gott gerichtet, auf den Sohn

Gottes, den sie im Schoß getragen und am Kreuz betrachtet hat. Bei der Anbetung des Allerheiligsten Sakraments sagt Maria zu uns: »Schau auf meinen Sohn, halte den Blick fest auf ihn gerichtet, hör auf ihn, sprich mit ihm. Er blickt dich in Liebe an. Hab keine Angst! Er wird dich lehren, ihm zu folgen, um ihn in den großen und kleinen Handlungen deines Lebens zu bezeugen, in den Beziehungen in der Familie, bei deiner Arbeit, in festlichen Stunden; er wird dich lehren, aus dir herauszugehen, aus dir selbst heraus, um die anderen in Liebe anzublicken wie er. Nicht mit Worten, sondern mit Taten hat er dich geliebt und liebt er dich!«

O Maria, lass uns deinen mütterlichen Blick spüren, führe uns zu deinem Sohn, mach, dass wir nicht Christen »fürs Schaufenster« sind, sondern solche, die sich die Ärmel hochkrempeln, um mit deinem Sohn Jesus sein Reich der Liebe, der Freude und des Friedens aufzubauen.

(Videobotschaft, 12. 10. 2013)

Barmherzigkeit löst die Knoten

Maria führt uns immer zu Jesus. Sie ist eine Frau des Glaubens, eine wahrhaft Glaubende. Wir können uns fragen: Wie war der Glaube Marias?

1. Das erste Element ihres Glaubens ist dieses: *Der Glaube Marias löst den Knoten der Sünde.*[19] Was bedeutet das? Die Konzilsväter haben ein Wort des heiligen Irenäus übernommen, der sagt, dass »der Knoten des Ungehorsams der Eva durch den Gehorsam Marias gelöst [wurde]; denn was die Jungfrau Eva durch

---

[19] Vgl. *Lumen gentium*, 56.

ihren Unglauben angebunden hatte, das löste die Jungfrau Maria durch ihren Glauben«.[20]

Der »Knoten« des Ungehorsams, der »Knoten« des Unglaubens. Wenn ein Kind der Mutter oder dem Vater nicht gehorcht, bildet sich, so könnten wir sagen, ein kleiner »Knoten«. Das geschieht, wenn das Kind sich bei seinem Handeln bewusst ist, was es tut, besonders wenn dabei eine Lüge mit im Spiel ist. In diesem Augenblick vertraut es der Mutter und dem Vater nicht. Ihr wisst, wie oft das geschieht! Da muss dann die Beziehung zu den Eltern von diesem Fehler gereinigt werden; das Kind bittet nämlich um Verzeihung, damit wieder Harmonie und Vertrauen herrsche. Etwas Ähnliches passiert bei unserer Beziehung zu Gott. Wenn wir auf ihn nicht hören, folgen wir nicht seinem Willen, vollziehen wir konkrete Handlungen, durch die wir einen Mangel an Vertrauen in ihn zeigen – und das ist die Sünde; sie bildet sich wie ein Knoten in unserem Innern. Und diese Knoten nehmen uns den Frieden und die Gelassenheit. Sie sind gefährlich, denn mehrere Knoten können zu einem Knäuel werden, das immer schmerzhafter wird und immer schwieriger zu lösen ist.

Aber für Gottes Barmherzigkeit – das wissen wir – ist nichts unmöglich! Auch die verworrensten Knoten lösen sich mit seiner Gnade. Und Maria hat mit ihrem »Ja« Gott die Tür geöffnet, damit er die Knoten des im Alten Bund begangenen Ungehorsams löse. Sie ist die Mutter, die uns mit Geduld und Zärtlichkeit zu Gott führt, damit er die Knoten unserer Seele mit seiner väterlichen Barmherzigkeit löse. Jeder von uns hat einige, und wir können uns in unserem Herzen fragen: Welche Knoten gibt es in meinem Leben? »Vater, die meinen kann man nicht lösen!«

---

[20] *Adversus Haereses* III, 22,4.

Aber das ist ein Irrtum! Alle Knoten des Herzens, alle Knoten des Gewissens können gelöst werden. Bitte ich Maria, dass sie mir helfe, Vertrauen in die Barmherzigkeit Gottes zu haben, um sie zu lösen, um mich zu ändern? Sie, die Frau des Glaubens, wird uns sicher sagen: »Geh weiter, geh zum Herrn, er versteht dich.« Und sie führt uns an der Hand, die Mutter, in den Arm des Vaters, des Vaters der Barmherzigkeit.

2. Das zweite Element: *Der Glaube Marias gibt Jesus einen menschlichen Leib.* Das Konzil sagt: »Im Glauben und Gehorsam gebar sie den Sohn des Vaters auf Erden, und zwar ohne einen Mann zu erkennen, vom Heiligen Geist überschattet.«[21] Auf diesen Punkt haben die Kirchenväter sehr beharrt: Maria empfing Jesus *im Glauben* und dann *im Fleisch,* als sie »ja« zur Botschaft sagte, die Gott durch den Engel an sie richtete. Was will dies besagen? Dass Gott nicht Mensch werden wollte, indem er unsere Freiheit überging; dass er durch die freie Zustimmung Marias, durch ihr »Ja« kommen wollte. Er hat sie gefragt: »Bist du dafür bereit?« Und sie hat geantwortet: »Ja.«

Was aber in der Jungfrau Maria auf einzigartige Weise erfolgt ist, geschieht auf geistlicher Ebene auch in uns, wenn wir das Wort Gottes mit bereitem und aufrichtigem Herzen aufnehmen und es in die Tat umsetzen. Es ist so, als ob Gott in uns Fleisch annehmen würde: Er kommt, um in uns zu wohnen, damit er in denen Wohnung nehme, die ihn lieben und sein Wort befolgen. Es ist nicht einfach, dies zu verstehen, aber, ja, es ist einfach, es im Herzen zu spüren.

Denken wir, die Menschwerdung Jesu sei nur ein Geschehen der Vergangenheit, das uns nicht persönlich betrifft? An Jesus zu glauben bedeutet, ihm mit der Demut und dem Mut Marias

[21] *Lumen gentium,* 63.

unser Fleisch anzubieten, damit er weiter unter den Menschen wohnen kann; es bedeutet, ihm unsere Hände anzubieten, um die Kleinen und die Armen zu liebkosen; unsere Füße, um den Brüdern entgegenzugehen; unsere Arme, um den, der schwach ist, zu stützen und um im Weinberg des Herrn zu arbeiten; unseren Geist, um im Licht des Evangeliums Pläne auszudenken und zu machen; und vor allem aber unser Herz anzubieten, um nach dem Willen Gottes zu lieben und Entscheidungen zu treffen. All das geschieht dank des Wirkens des Heiligen Geistes. Und so mögen wir die Werkzeuge Gottes sein, damit Jesus in der Welt durch uns handle.

3. Und das letzte Element ist *der Glaube Marias als Weg:* Das Konzil sagt, dass Maria »den Pilgerweg des Glaubens« ging.[22] Deswegen geht sie uns auf diesem Pilgerweg voran, begleitet und stützt sie uns.

Inwiefern war der Glaube Marias ein Weg? In dem Sinn, dass ihr ganzes Leben darin bestand, ihrem Sohn zu folgen: Er – Jesus – ist die Straße, und er ist der gegangene Weg. Im Glauben fortzuschreiten, auf diesem geistlichen Pilgerweg des Glaubens voranzukommen heißt nichts anderes, als Jesus zu folgen; als ihn zu hören, sich von seinen Worten leiten zu lassen; zu sehen, wie er sich verhält, und unsere Füße in seine Spur zu setzen; so wie er gesinnt zu sein und sich zu verhalten: Und wie ist Jesus gesinnt und wie verhält er sich? Demut, Barmherzigkeit, Nähe zu zeigen, aber auch Heuchelei, Falschheit, Götzendienst entschieden abzulehnen. Der Weg Jesu ist der Weg der Liebe, die treu ist bis zum Ende, bis zur Hingabe des Lebens, es ist der Weg des Kreuzes. Deshalb geht der Weg des Glaubens über das Kreuz.

---

22 Ebd., 58.

Maria hat dies von Anfang an verstanden, als Herodes den eben erst geborenen Jesus umbringen wollte. Dann aber wurde dieses Kreuz schwerer, als Jesus abgelehnt wurde: Maria war immer bei Jesus, sie folgte Jesus mitten im Volk, sie hörte das Geschwätz, den Hass jener, die den Herrn nicht liebten. Und dieses Kreuz hat sie getragen. Da trat der Glaube Marias dem Unverständnis und der Verachtung entgegen. Als die »Stunde« Jesu kam, d.h. die Stunde seines Leidens: Da war der Glaube Marias das Flämmchen in der Nacht, jenes Flämmchen in dunkelster Nacht. In der Nacht des Karsamstags hat Maria gewacht. Ihr Flämmchen, klein und doch hell, brannte bis zum Morgen der Auferstehung, und als die Nachricht zu ihr drang, dass das Grab leer sei, breitete sich in ihrem Herzen die Freude des Glaubens aus, der christliche Glaube an den Tod und die Auferstehung Jesu Christi. Denn der Glaube führt uns immer zur Freude, und sie ist die Mutter der Freude. Sie lehre uns, diese Straße der Freude zu gehen und diese Freude zu leben!

(Marianische Feier, 12.10.2013)

11 – Gebet um Barmherzigkeit

Jedes größere Lehrschreiben des Papstes (ob Enzyklika oder Apostolisches Schreiben) endet in der Regel mit einem Gebet. Darum stellen auch wir an den Schluss dieses Bandes ein Gebet; Franziskus hat es zum Heiligen Jahr der Barmherzigkeit 2016 formuliert, doch es geht über diesen direkten Anlass weit hinaus.

Auffallend sind die zahlreichen biblischen Bezüge: »Zeig uns dein Angesicht« und »Sende aus deinen Geist« lässt Psalmen anklingen, »den Armen die frohe Botschaft bringen« zitiert Jesaja – die Liste ließe sich fortsetzen. Auch die Bezüge auf unsere Sinnesorgane sind vielfältig: sehen, Angesicht, liebender Blick, dein Wort hören, verkünden, die Augen öffnen. Und drittens strotzt dieses kurze Gebet nur so von emotional eingefärbten Wendungen: Zeig uns, erlöste, weinen, reumütig, Mitleid verspüren usw.

Herr Jesus Christus,
du hast uns gelehrt, barmherzig zu sein wie der himmlische
    Vater,
und uns gesagt, wer dich sieht, sieht ihn.
Zeig uns dein Angesicht, und wir werden Heil finden.
Dein liebender Blick
befreite Zachäus und Matthäus aus der Sklaverei des Geldes;
erlöste die Ehebrecherin und Maria Magdalena davon,
das Glück nur in einem Geschöpf zu suchen;
ließ Petrus nach seinem Verrat weinen
und sicherte dem reumütigen Schächer das Paradies zu.

Lass uns dein Wort an die Samariterin so hören,
als sei es an uns persönlich gerichtet:
»Wenn du wüsstest, worin die Gabe Gottes besteht!«
Du bist das sichtbare Antlitz des unsichtbaren Vaters
und offenbarst uns den Gott, der seine Allmacht vor allem
in der Vergebung und in der Barmherzigkeit zeigt.
Mache die Kirche in der Welt zu deinem sichtbaren Antlitz,
dem Angesicht ihres auferstandenen und verherrlichten Herrn.
Du wolltest, dass deine Diener selbst der Schwachheit unter-
    worfen sind,
    damit sie Mitleid verspüren mit denen, die in Unwissenheit
        und Irrtum leben.
Schenke allen, die sich an sie wenden,
    die Erfahrung, von Gott erwartet und geliebt zu sein
    und bei ihm Vergebung zu finden.
Sende aus deinen Geist und schenke uns allen seine Salbung,
    damit … deine Kirche mit neuer Begeisterung
    den Armen die Frohe Botschaft bringe,
    den Gefangenen und Unterdrückten die Freiheit verkünde
    und den Blinden die Augen öffne.
So bitten wir dich
    auf die Fürsprache Marias, der Mutter der Barmherzigkeit,
    der du mit dem Vater in der Einheit des Heiligen Geistes
    lebst und herrschst in alle Ewigkeit.
Amen.

(Gebet zum Heiligen Jahr der Barmherzigkeit,
veröffentlicht Anfang Mai 2015)

Papst Franziskus

Credo
Was uns das Glaubensbekenntnis verspricht

Herausgegeben von Stefan v. Kempis
176 Seiten, gebunden
ISBN 978-3-460-32139-7

Gedanken und Impulse des Papstes zum Inhalt des
Glaubensbekenntnisses.

»Der Glaube ist nicht ein Licht, das all unsere Finsternis ver-
treibt, sondern eine Leuchte, die unsere Schritte in der Nacht
leitet, und dies genügt für den Weg.«
Papst Franziskus, Enzyklika »Lumen fidei«, Nr. 57

 bibelwerk

Papst Franziskus

Laudato si'
Über die Sorge für das gemeinsame Haus

Die Umwelt-Enzyklika
mit Einführung und Themenschlüssel
224 Seiten, kartoniert
ISBN 978-3-460-32134-2

»Ich lade dringlich zu einem neuen Dialog ein über die Art und Weise, wie wir die Zukunft unseres Planeten gestalten. Wir brauchen ein Gespräch, das uns alle zusammenführt, denn die Herausforderung der Umweltsituation, die wir erleben, und ihre menschlichen Wurzeln interessieren und betreffen uns alle.«
Papst Franziskus, Enzyklika »Laudato si'«, Nr. 14

 **bibelwerk**